"十四五"职业教育国家规划教材

本教材第2版曾获首届全国教材建设奖全国优秀教材二等奖

汽车发动机构造与维修

（第3版）

总主编　周乐山

主　编　方道生　徐小花

产教融合　项目教学型教材

QICHE FADONGJI

GOUZAO YU WEIXIU

北京师范大学出版集团

BEIJING NORMAL UNIVERSITY PUBLISHING GROUP

北京师范大学出版社

图书在版编目(CIP)数据

汽车发动机构造与维修/方道生，徐小花主编. —3 版. —北京：北京师范大学出版社，2021.1(2024.6重印)

ISBN 978-7-303-25943-4

Ⅰ.①汽…　Ⅱ.①方…②徐…　Ⅲ.①汽车－发动机－构造－职业教育－教材②汽车－发动机－车辆修理－职业教育－教材　Ⅳ.①U472.43

中国版本图书馆 CIP 数据核字(2020)第 105755 号

图书意见反馈：gaozhifk@bnupg.com　010-58805079

营销中心电话：010-58806880　58801876

编辑部电话：010-58806368

出版发行：北京师范大学出版社　www.bnupg.com

　　　　　北京市西城区新街口外大街 12-3 号

　　　　　邮政编码：100088

印　　刷：鸿博睿特(天津)印刷科技有限公司

经　　销：全国新华书店

开　　本：787 mm×1092 mm　1/16

印　　张：12.5

字　　数：253 千字

版　　次：2021 年 1 月第 3 版

印　　次：2024 年 6 月第 15 次印刷

定　　价：39.80 元

策划编辑：庞海龙　　　　　　　责任编辑：庞海龙
美术编辑：焦　丽　　　　　　　装帧设计：焦　丽
责任校对：康　悦　　　　　　　责任印制：马　洁　赵　龙

出版说明

　　本套教材是在汽车维修行业专家、企业专家、课程专家的精心指导下，结合汽车维修企业生产岗位和工作实际开发的。本套教材紧紧围绕汽车售后维修企业的职业工作需求，以就业为导向，以技能训练为中心，以"更加实用、更加科学、更加新颖"为编写原则，旨在探索理论与实践一体化的教学模式，具有如下特色：

　　1. 教材编写理念。借鉴"行动导向"的教学模式，以学生为主体，以教师为指导，以提高学生职业技能和创新能力为目标，理论紧密联系实践。理论知识以必备、够用为度，技能训练面向岗位需求，注重结合汽车后市场服务岗位群和维修岗位群的岗位知识与技能要求，使学生学完每一本教材后，都能获得该教材所对应的职业岗位能力。

　　2. 教材结构体系。根据汽车维修职业岗位工作需求，采用项目、任务两个层级，实施项目导向、任务驱动的模式构建课程体系。理论教学和技能训练有机融合，专业学习和"1+X"考证有机融合，实践教学与岗位培训有机融合，系统性和模块化有机融合，方便不同地区、不同专业、不同条件、不同层次的学生或人员剪裁选用。

　　3. 教材内容组织。精选对学生有用的基础理论和基本知识，突出实用性、新颖性，以我国保有量较大的轿车为典型，引入现代汽车新技术、新工艺、新规范，结合典型车型维修手册，加强"任务实施"内容的编写。在教学中坚持立德树人，德技并修，将规范操作、5S管理、良好的职业素养理念融入专业课程教学内容之中。引导教师在"做中规范地教"，学生在"学中规范地做"。教学内容突出典型工作任务，任务实施注重以实例为引导，激发学生的学习兴趣，符合学生的认知规律。

　　4. 教材编排形式。本套教材图文并茂，采用四色印刷。教材编排通俗易懂、简明实用、由浅入深，符合职业院校学生的心理特点。每一项目均配有"项目概述"，让学习者知道本项目要学习的任务和在"知识、技能、行为习惯和职业素养"四个方面应达到的要求。每一个任务都有具体的学习目标，配有技术规范、有安全提示的任务实施步骤，力求做到科学、规范、明晰。教材最后配有课程评价，便于学生对课程教学提出建议和专业教师教学素质提升。

5. 教材配套资源。每本教材都配有学生工作手册和数字化教学资源，教学资源主要包括教学视频、电子教案、教学课件等。配套资源可方便广大教师组织教学，也可方便广大读者学习。

由于编写人员能力有限，教材中不足之处在所难免，恳请各位读者批评指正。

汽车运用与维修专业项目化课程编写指导委员会

序

据公安部统计，2021年全国机动车保有量达3.95亿辆，其中汽车3.02亿辆。我国已经进入了飞速发展的汽车社会新时代，汽车维修业也成为与广大人民群众日常生活息息相关的现代服务业。随着国家对职业教育的重视和投入的增加，我国的汽修职业教育取得了快速发展，为社会输送了一大批在汽修一线工作的高技术技能型人才，从一定程度上突破了汽车维修人才紧缺的瓶颈。但同时应该看到，汽车电动化、智能化、网联化和共享化的快速推进，打破了人们对传统汽车的理解，对汽车维修人才也提出了更高的要求。教育是国之大计、党之大计。培养什么人、怎样培养人、为谁培养人是教育的根本问题，育人的根本在于立德。全面贯彻党的教育方针，落实立德树人根本任务，培养德智体美劳全面发展的社会主义建设者和接班人，坚持以人民为中心发展教育，加快建设高质量教育体系，发展素质教育，促进教育公平。加强企业主导的产学研深度融合，坚持学思用贯通、知信行统一。这就需要我们工作在职业教育一线的专家、教师在习近平新时代中国特色社会主义思想指导下，创新教育理念，改革教学模式，优化专业教材，为党育人、为国育才，培养出真正符合党和国家要求的高技术技能型汽修人才。

教学模式的创新，得益于先进的课程理念，先进的课程理念需要一套完整的课程方案和配套的课程资源来体现，近几年，在企业、行业专家和课程专家的指导下，北京师范大学出版社开发了一整套汽车运用与维修专业的项目化教材，并不断完善和更新。相比以往的职业教育汽车运用与维修专业教材，这套教材有许多特点和亮点，主要体现在：

1. 面向职教。教材作者均来自汽车维修专业教学一线，有多年从事专业课教学的经验，大多数参编者都亲自参加过职业院校汽车运用与维修技能大赛的教师组比赛项目，并取得了优异的成绩。因此，在教材的编写过程中，他们能紧扣汽车运用与维修专业的培养目标，并借鉴全国职业院校汽车运用与维修技能大赛所提出的能力要求，把维修行业的规范、安全、环保、高效、服务、合作、敬业等理念贯穿于专业技能训练的课目之中，符合当前汽车后市场对人才的综合素质要求。

2. 难易适度。本套教材汲取了宝马、丰田、上海通用等知名汽车企业培训教材的精华，着重强调结论性、应用性强的必备基础理论知识，使得教材整体理论知识的学习难度降低，同时又保证学生在分析和解决实际问题时能具有一定的理论基础，这符合职业院校学生的认知特点。

3. 实用性强。本套教材体例实用，并配有学生工作手册，力求把知识传授、技能训练、行为习惯培养和职业素养养成融为一体，有利于学生综合素质的提升，使学生能够运用所学的基本知识举一反三、触类旁通，同时也为学生后续学习奠定基础。教材中精选了典型的工作任务，并配有工艺化的任务实施流程，旨在培养学生正确使用工具和设备解决实际问题的能力，达到学生毕业后即可胜任汽车后市场相应工作岗位的技能和素质要求。

4. 静动并举。本套教材在理论知识讲解和具体工作任务实施中采用了大量的实物图，教材采用四色印刷，在文字描述方面力求简洁规范、通俗易懂，在关键知识点的理论讲解和具体工作任务实施时配有教学视频、动画演示等数字化资源，激发了学生的学习兴趣，降低了学习难度，方便学生自我完善和自我提高。

这套教材的推广使用，将有助于职业院校汽车运用与维修专业教学质量和能力的提高。希望大家多提宝贵意见和建议，也希望我国的职业教育事业越办越好。

前言

随着汽车工业的飞速发展，汽车的制造工艺不断加强，现代汽车的发动机无论在材质、结构还是装配工艺上都有很大的改进，但是对于发动机机械部分的维修，我国的部分汽车维修企业仍然沿用20世纪末的传统维修工艺，因而在不同程度上影响着发动机的性能。这就要求汽车维修技术人员要按照发动机的实际情况和现代工艺要求，运用最新的检测和维修工艺来操作，做到既省时间又保证修理质量，提高服务质量，减少客户投诉。

《汽车发动机构造与维修》是中、高等职业学校汽车运用与维修专业的一门专业核心课程。为了让大家更好地学习和掌握现代发动机系统的基本结构、装配工艺和检测维修方法，我们编写了本书。本书简化了对理论知识的过多讲解，通过图文并茂的形式，简明介绍了汽车发动机维修作业中必备的专业知识，嵌入了典型的工作任务和详细的规范操作步骤，力求做到浅显易懂。本书在注意基本方法介绍的同时，强调对学生的实践动手能力的训练、安全文明生产意识的培养和规范操作的理念。所以，我们将一定比重的环保、安全、规范和职业道德等知识有机地渗透在各个项目的相关知识和项目思考题中，便于学生在学习掌握相关技术技能的同时，接受这些安全规范、环保方面的教育，提高学生的安全规范意识、环保意识、服务意识，塑造良好的服务形象。

本书的具体学习内容及教学建议见下表：

序号	项目名称	学习任务	参考学时
项目1	认识发动机	2	12
项目2	配气机构的拆装与检测	3	18
项目3	曲柄连杆机构的拆装与检测	3	30
项目4	燃料供给系统的拆装与检测	2	6
项目5	点火系统的拆装与检测	2	12
项目6	冷却系统的拆装与检测	2	12
项目7	润滑系统的拆装与检测	2	12
项目8	起动系统的拆装与检测	2	6
合　计		18	108

本书由方道生、徐小花任主编，王林龙、张朝斌、叶子郁、张希参编，其中徐小花编写了项目一和项目八，王林龙编写了项目二和项目三，张朝斌编写了项目四和项目五，方道生编写了项目六和项目七，叶子郁负责项目任务的设计。张希给予学校编写教师技术指导和规范性指导。

　　由于编写者的水平有限，不足之处在所难免，恳请广大读者提出宝贵意见。

目 录

项目1 PROJECT **认识发动机**

　　汽车发动机是汽车的动力源，是由多种机构和系统组成的复杂机器，是把其他形式的能量转化为机械能的机器。现代汽车发动机的结构形式很多，本项目要求会识别各种汽车发动机的类型及型号，掌握汽车发动机的工作原理和主要性能指标，了解汽车发动机的总体构造。

　　通过本项目的学习，要在知识、技能、行为习惯、职业素养等方面达到学思用贯通、知信行统一，能够培养精益求精的工匠精神，绿色环保的责任意识以及吃苦耐劳的卓越品质，并将尊重创造、敬业奉献、服务人民融入学习和生活中。

序号	学习内容（知识、技能、行为习惯、职业素养等）	评价标准			
		了解	掌握	指导下操作	独立操作
1	发动机的分类	✓			
2	发动机的型号编制规则	✓			
3	发动机的主要组成		✓		
4	发动机的主要性能指标		✓		
5	发动机的基本术语		✓		
6	发动机的工作原理		✓		

Mission 任务 1　了解发动机

任　务　目　标

(1) 了解发动机的分类。

(2) 了解发动机的编号。

(3) 掌握发动机主要性能指标。

(4) 认识发动机的主要组成。

(5) 增强民族自豪感，提高环保意识和服务意识。

→ **必备知识**

一、发动机的简介

发动机是汽车的心脏，为汽车的行驶提供动力。简单地讲，发动机就是一个能量转换机构，即将汽油(柴油)或天然气的热能通过在密封气缸内燃烧气体膨胀时，推动活塞做功，转变为机械能，这是发动机最基本的原理。发动机的所有结构都是为能量转换服务的，发动机伴随着汽车走过了 100 多年的历史，无论是在设计上、制造上、工艺上还是在性能上、控制上都有很大的提高，但其基本原理仍然未变。这是一个富有创造性的时代，那些发动机设计者们，不断地将最新科技与发动机融为一体，把发动机变成一个复杂的机电一体化产品，使发动机性能达到近乎完美的程度。世界各著名汽车厂商也将发动机的性能作为竞争亮点，现在的汽车发动机不仅注重汽车动力的体现，更加注重能源消耗、尾气排放等与环境保护相关的方面，使人们在悠闲地享受汽车文化的同时，也能保护环境并节约资源。

二、发动机历史的简介

汽车整体技术日新月异，而作为汽车的心脏——发动机的技术进步显得更受关注。如今的汽车发动机，可变气门正时技术、双顶置凸轮轴技术、缸内直喷技术、VCM 气缸管理技术、涡轮增压技术等，都已经得到相当广泛的运用。在用料上也是往轻量化的方向发展，全铝发动机目前的应用已经非常广泛。汽车的污染也是不可避免的，于是新能源技术，包括柴油机的高压共轨、燃料电池、混合动力、纯电动、生物燃料技术也已经有普及的趋势。回顾发动机的历史，或许更能理解这一百多年来汽车技术所发生的巨大变革。

1. 国外发动机的发展史

汽车整体技术日新月异，而作为汽车的心脏——发动机的技术进步显得更受关注。如今的汽车发动机，可变气门正时技术、双顶置凸轮轴技术、缸内直喷技术、VCM 气缸管理技术、涡轮增压技术等，都已经得到相当广泛的运用。在用料上也是往轻量化的方向发展，全铝发动机目前的应用已经非常广泛。汽车的污染也是不可避免的，于是新能源技术，包括柴油机的高压共轨、燃料电池、混合动力、纯电动、生物燃料技术也已经有普及的趋势。回顾发动机的历史，或许更能理解这一百多年来汽车技术所发生的巨大变革。

18 世纪中叶，瓦特改良了蒸汽机，此后人们开始设想把蒸汽机装到车子上用于载人。法国的居纽是第一个将蒸汽机装到车子上的人。

往复活塞式四冲程汽油机是德国人奥托在大气压力式发动机基础上，于 1876 年发明并投入使用的。由于采用了进气、压缩、做功和排气四个冲程，发动机的热效率从大气压力式发动机的 11% 提高到 14%，而发动机的质量却降低了 70%。

1892 年德国工程师狄塞尔发明了压燃式发动机(柴油机)，实现了内燃机发展史上的第二次重大突破。

1926 年瑞士人布希提出了废气涡轮增压理论，利用发动机排出的废气能量来驱动压气机，给发动机增压。20 世纪 50 年代后，废气涡轮增压技术开始在车用内燃机上得到应用，使发动机性能有了很大提高，成为内燃机发展史上的第三次重大突破。

1967 年德国博世(Bosch)公司首次推出由电子计算机控制的汽油喷射系统(electronic fuel injection，EFI)，开创了电控技术在汽车发动机上应用的历史，成为内燃机发展史上的第四次重大突破。

2. 国内发动机的发展史

国产汽车发动机伴随着中国汽车工业的发展而发展，已成为中国汽车工业发展的动力基础。国产发动机从 50 年前日产 15 台提高到今天的日产近万台；从 50 年前的一个型号、一种产品发展到今天的近千个型号、两三千种产品；功率由 50 年前的 85 马力提高到现在的 500 马力。

1956 年 4 月 29 日我国第一台 CA10 型 85 马力汽车发动机诞生，当天共生产了 15 台，正式揭开了中国汽车发动机制造历史的序幕。1983 年 CA10 改型为 CA15，最高年产量达到 8.2 万台。20 世纪 60 年代前后，南京汽车制造厂开始生产"跃进"2.5 吨载货车、1.5 吨越野汽车，其后北京汽车制造厂的 BJ212 越野车、济南汽车制造厂的"黄河"载货车和上海汽车制造厂"上海"牌轿车也先后投产，国产发动机品种增加技术提高。

2022 年度的国产发动机品牌，在技术水平上有着较好的表现，如下：

品牌	发动机	适用车型
吉利	雷神智擎 Hi·X 混动系统专用发动机 DHE15	星越 L
东风	马赫动力 MHD 混动系统发动机	东风风神奕炫 MAX 混动版
长城	1.5T 柠檬混动 DHT 系统发动机	魏牌拿铁
北汽	魔核 1.5T 发动机	北京 X6
长安	蓝鲸新一代 2.0T 发动机	UNI−K
星途	2.0TGDI 400T 发动机	揽月 400T
广汽传祺	第三代 1.5TGDI 发动机	影豹

三、 发动机的分类

1. 按活塞运动方式分类

活塞式内燃机可分为往复活塞式(图 1-1-1)和旋转活塞式(图 1-1-2)两种。前者活塞在气缸内做往复直线运动，后者活塞在气缸内做旋转运动。

图 1-1-1　往复活塞式发动机　　　　　图 1-1-2　旋转活塞式发动机

2. 按照所用燃料分类

汽车发动机按照所使用燃料的不同可以分为汽油机和柴油机。使用汽油作为燃料的发动机称为汽油机(图 1-1-3)，使用柴油为燃料的发动机称为柴油机(图 1-1-4)。另外也有一些发动机使用其他液体或气体(如酒精、植物油、天然气等)为燃料，这些发动机往往根据结构和工作原理划入汽油机或柴油机。

汽油机与柴油机各有特点：汽油机转速高，体积小、质量轻，工作中振动及噪声小，起动容易，制造成本低，但热效率和经济性不如柴油机，适合于中、小型汽车尤其是高速汽车的使用；柴油机转速低，压缩比大，热效率高，燃料消耗率低，经济性能和排放性能比汽油机好，但体积大、质量大，工作中振动及噪声较大，起动性差（尤其是低温时），价格高，超负荷运转时容易冒黑烟，最大功率时的转速低，适合于载货汽车的使用。

图 1-1-3 汽油机

图 1-1-4 柴油机

3. 按照行程分类

汽车发动机按照完成一个工作循环所需的冲程数可分为四冲程发动机和二冲程发动机。曲轴转两圈（720°），活塞在气缸内上下往复运动四个行程，完成一个工作循环的发动机称为四冲程发动机，如图 1-1-5 所示；曲轴转一圈（360°），活塞在气缸内上下往复运动两个行程，完成一个工作循环的发动机称为二冲程发动机，如图 1-1-6 所示。

图 1-1-5 四冲程发动机

图 1-1-6 二冲程发动机

四冲程发动机体积大、结构复杂，油耗低，排放低，制造、维修较麻烦，价格相对较高，用于大多数汽车；二冲程发动机体积小、质量小、功率大、结构简单，制造、维修方便，可靠性高，价格便宜，但油耗高、排放高，主要用于一些对质量、体积和可靠性要求较高的汽车或摩托车。

4. 按照冷却方式分类

汽车发动机按照冷却方式的不同可以分为水冷发动机和风冷发动机。利用在气缸体和气缸盖冷却水套中进行循环的冷却液作为冷却介质进行冷却的发动机称为水冷发动机，如图 1-1-7 所示；以空气作为冷却介质的发动机称为风冷发动机，如图 1-1-8 所示。

图 1-1-7　水冷发动机　　　　　　　　　图 1-1-8　风冷发动机

水冷发动机冷却均匀，水路和冷却强度可调节，工作可靠，冷却效果好，被广泛地应用于现代车用发动机。风冷发动机结构简单，质量小，维护使用方便，对气候变化适应性强，起动快，不需要散热器，但缸体和缸盖刚度差，振动大，噪声大，容易过热，被一些军用汽车和个别载货汽车采用。风冷发动机还用于缺水地区。

5. 按照气缸数目分类

汽车发动机按照气缸数目的不同可以分为单缸发动机和多缸发动机。仅有一个气缸的发动机称为单缸发动机，如图 1-1-9 所示；有两个以上气缸的发动机称为多缸发动机，如图 1-1-10 所示。汽车发动机常用缸数有 3 缸、4 缸、5 缸、6 缸、8 缸、10 缸、12 缸、16 缸。

图 1-1-9　单缸发动机　　　　　　　　　图 1-1-10　多缸发动机

单缸发动机工作不平稳，转速波动大，振动大，且随着转速或排量的增加而增大，但其结构简单，质量小，结构尺寸小，制造成本较低，维护方便。多缸发动机在同等缸径下，排量和功率较大；在同等排量下，多缸发动机的缸径较小，转速高、功率大；同时多缸发动机运转平稳，振动与噪声较小。现代汽车都采用多缸发动机。微型汽车发动机多为 3 缸，小型载货汽车、客车和中型以下轿车发动机多为 4 缸；中型载货汽车、大型轿车及客车发动机多为 6 缸；重型汽车一般为 6～8 缸。

6. 按照气缸排列方式分类

汽车发动机按照气缸排列方式的不同分为 L 型、V 型、W 型和 H 型四种。所有的气缸均按同一角度肩并肩排列成一个平面的发动机称为 L 型(直列式)发动机，如图 1-1-11 所示；所有的气缸分成两组，相邻的气缸以一定的夹角布置在一起，使两组气缸形成两个有一定夹角的平面(左右两列气缸中心线的夹角 $\gamma < 180°$)，从侧面看气缸呈 V 字形的发动机称为 V 型发动机，如图 1-1-12 所示；将 V 型发动机每侧气缸再进行小角度的错开(如帕萨特 W8 的小角度为 15°)，从侧面看气缸呈 W 字形的发动机，称为 W 型发动机，W 型发动机的气缸排列也可以认为是由两个小 V 形组成一个大 V 字形，W 型发动机是德国大众专属的发动机技术，如图 1-1-13 所示；左右两列气缸之间的夹角等于 180° 的 V 型发动机又称为 H 型(水平对置式)发动机，如图 1-1-14 所示。

图 1-1-11　L 型发动机

图 1-1-12　V 型发动机

图 1-1-13　W 型发动机

图 1-1-14　H 型发动机

　　L型（直列式）发动机结构简单、体积小、制造成本低、运转平衡性和操控性好、燃料消耗率低，但是L型发动机随着缸数的增加长度也将增加，所以缸数受到限制，最大功率也受到限制，主要有L3、L4、L5、L6型。L型发动机在国产汽车中应用十分广泛，几乎所有中档以下的国产车及采用四缸发动机的车型都是直列发动机，宝马的L6（直列六缸）发动机在技术含量、缸数、性能表现上都是直列发动机的极致。

　　V型发动机的气缸之间相互错开布置，这缩短了机体的长度和高度。发动机高度的缩短可以降低汽车迎风面积，满足汽车空气动力学的要求；发动机长度的缩短可以增加驾乘舱的空间，还可以扩大气缸直径和气缸数来提高发动机的排量和功率；发动机气缸的对向布置，可抵消一部分振动，使发动机运转更平顺。但V型发动机结构复杂、制造成本高、保养和维修较为困难。V型发动机从V3到V5、V6、V8、V10、V12、V16型都有，排气量可以从很小做到很大。

　　W型发动机比V型发动机的长度更短，质量更轻，体积更小。但W型发动机的结构过于复杂，制造成本高昂，其宽度更大，发动机室更满。W型发动机是大众的专利技术，只有大众集团旗下的顶级车型上才使用W型发动机，目前主要有W12和W16型。

　　H型（水平对置式）发动机的气缸平放，降低了机体的高度和汽车的重心，车头可以设计得又扁又低，增强了汽车的行驶稳定性和操控性；H型（水平对置式）发动机水平对置的气缸布局使其较V型发动机活塞运动平衡性、发动机运转平顺性更好（180°左右抵消）、油耗更低、功率损耗更小。但水平对置发动机的结构复杂，造价和养护成本高。由于机体较宽，不好布局。另外，由于重力的原因，使气缸的上侧得不到充分润滑。日本富士汽车的富士WRX-Sti和德国保时捷的911车型都采用的是水平对置发动机。

7. 按照进气系统是否采用增压方式分类

　　发动机按照进气系统是否采用增压方式可以分为自然吸气（非增压）式发动机和强制进气（增压）式发动机两种。如图1-1-15所示，空气未经压缩直接供入气缸内的发动机称为自然吸气（非增压）式发动机；如图1-1-16所示，将空气预先压缩后再供入气缸的发动机称为强制进气（增压）式发动机。

　　发动机增压可以分为机械增压、气波增压、废气涡轮增压、复合增压四种常见的系统。废气涡轮增压是最常见的增压装置，它是利用发动机排出的废气惯性冲力来推动涡轮室内的涡轮，涡轮又带动同轴的叶轮，叶轮压送由空气滤清器管道送来的空气，使之增压进入气缸。增压使进入燃烧室内的空气质量大幅度提高，发动机的功率及转矩可增大20%～30%。但采用增压技术后使发动机强度、机械加工精度、装配技术等要求更严格。同时采用涡轮增压后会出现动力输出反应滞后，即突然加速时，瞬间会有提不上速度的感觉。

图 1-1-15　自然吸气式发动机　　　　图 1-1-16　增压式发动机

四、 发动机的主要组成

发动机是一种由许多机构和系统组成的复杂机器。无论是汽油机，还是柴油机；无论是四冲程发动机，还是二冲程发动机；无论是单缸发动机，还是多缸发动机，要完成能量转换，实现工作循环，保证长时间连续正常工作，都必须具备以下一些机构和系统。

1. 曲柄连杆机构

曲柄连杆机构(图 1-1-17)是发动机实现工作循环，完成能量转换的主要运动零件。它由机体组、活塞连杆组和曲轴飞轮组等组成。在做功行程中，活塞承受燃气压力在气缸内做直线运动，通过连杆转换成曲轴的旋转运动，并从曲轴对外输出动力。而在进气、压缩和排气行程中，飞轮释放能量又把曲轴的旋转运动转化成活塞的直线运动。

图 1-1-17　曲柄连杆机构

2. 配气机构

配气机构(图1-1-18)的功能是根据发动机的工作顺序和工作过程，定时开启和关闭进气门和排气门，使可燃混合气或空气进入气缸，并使废气从气缸内排出，实现换气过程。配气机构大多采用顶置气门式配气机构，一般由气门组和气门传动组组成。

图 1-1-18　配气机构

3. 燃料供给系统

燃料供给系统(图1-1-19)的功用是根据发动机的要求，配制出一定数量和浓度的混合气，供入气缸，并将燃烧后的废气从气缸内排出到大气中；柴油机燃料供给系的功用是把柴油和空气分别供入气缸，在燃烧室内形成混合气并燃烧，最后将燃烧后的废气排出。

4. 润滑系统

润滑系统(图1-1-20)的功用是向做相对运动的零件表面输送定量的清洁润滑油，以实现液体摩擦，减小摩擦阻力，减轻机件的磨损，并对零件表面进行清洗和冷却。润滑系通常由润滑油道、机油泵、机油滤清器和一些阀门等组成。

图 1-1-19　燃料供给系统

图 1-1-20　润滑系统

5. 冷却系统

冷却系统(图1-1-21)的功用是将发动机受热零部件吸收的部分热量及时散发出去，保证发动机在最适宜的温度状态下工作。水冷发动机的冷却系通常由冷却水套、水泵、风扇、水箱、节温器等组成。

图 1-1-21 冷却系统

6. 点火系统

点火系统(图 1-1-22)的功用是按照发动机的工作顺序定时产生足够强度的电火花把混合气点燃。点火系通常由蓄电池、发电机、分电器、点火线圈和火花塞等组成。

图 1-1-22 点火系统

7. 起动系统

要使发动机由静止状态过渡到工作状态，必须先用外力转动发动机的曲轴，发动机才能自行运转，工作循环才能自动进行。因此，曲轴在外力作用下从开始转动到发动机开始自动地怠速运转的全过程，称为发动机的起动。完成起动过程所需的装置，称为发动机的起动系统，如图 1-1-23 所示。

图 1-1-23 起动系统

汽油机由以上两大机构和五大系统组成，即曲柄连杆机构、配气机构、燃料供给系、润滑系统、冷却系统、点火系统和起动系统。柴油机由两大机构和四大系统组成，即曲柄连杆机构、配气机构、燃料供给系统、润滑系统、冷却系统和起动系统。柴油机是压燃的，不需要点火系统。

五、 发动机的主要性能指标

发动机的性能指标是用来衡量发动机性能好坏的标准。发动机的主要性能指标有动力性能指标、经济性能指标和排放性能指标。

1. 动力性能指标

动力性能指标指曲轴对外做功能力的指标，包括有效转矩、有效功率和曲轴转速。

有效转矩：有效转矩指发动机通过曲轴或飞轮对外输出的转矩，通常用 T_e 表示，单位为 N·m。有效转矩是作用在活塞顶部的气体压力通过连杆传给曲轴产生的转矩，并克服了摩擦、驱动附件等损失之后从曲轴对外输出的净转矩。

有效功率：有效功率指发动机通过曲轴或飞轮对外输出的功率，通常用 P_e 表示，单位为 kW。有效功率同样是曲轴对外输出的净功率。它等于有效转矩和曲轴转速的乘积。发动机的有效功率可以在专用的试验台上用测功器测定，测出有效转矩和曲轴转速，然后用下面公式计算出有效功率：

$$P_e = T_e \cdot \frac{2\pi \cdot n}{60} \times 10^{-3} = \frac{T_e \cdot n}{9\,550}\,(\text{kW})$$

式中 T_e——有效转矩，N·m；

n——曲轴转速，r/min。

转速系指发动机曲轴每分钟的转数，单位为 r/min。发动机产品铭牌上标明的功率及相应转速称为额定功率和额定转速。按照汽车发动机可靠性试验方法的规定，汽车发动机应能在额定工况下连续运行 300～1 000 h。

2. 经济性能指标

通常用燃油消耗率来评价内燃机的经济性能。燃油消耗率是指单位有效功率的燃油消耗量，也就是发动机每发出 1 kW 有效功率在 1 h 内所消耗的燃油质量（以 g 为单位），燃油消耗率通常用 g_e 表示，其单位为 g/kW·h，计算公式为

$$g_e = \frac{1\,000G_T}{P_e}(\text{g/kW} \cdot \text{h})$$

式中　G_T——每小时的燃油消耗量，kg/h；

　　　P_e——有效功率，kW。

很明显，有效燃油消耗率越小，表示发动机曲轴输出净功率所消耗的燃油越少，其经济性越好。通常发动机铭牌上给出的有效燃油消耗率 g_e 是最小值。

3. 排放性能指标

排放性能指标包括排放烟度、有害气体(CO、HC、NO_x)排放量、噪声等。

六、 识别发动机的编号

为了便于内燃机的生产管理和使用，国家标准《内燃机产品名称和型号编制规则》(GB/T 725—2008)中对内燃机的名称和型号做了统一规定。

1. 内燃机型号的排列顺序及符号所代表的意义

内燃机型号的排列顺序及符号所代表的意义规定如图 1-1-24 所示。

图 1-1-24

2. 内燃机的名称和型号

内燃机名称均按所使用的主要燃料命名，如汽油机、柴油机、煤气机等。

内燃机型号由阿拉伯数字和汉语拼音字母或国际通用的英文顺写字母（以下简称字母）组成。

内燃机型号由以下四部分组成：

首部：为产品系列符号和换代标志符号，由制造厂根据需要自选相应字母表示，但需主管部门核准。

中部：由缸数符号、冲程符号、气缸排列形式符号和缸径符号等组成。

后部：由结构特征符号和用途特征符号组成。

尾部：由区分符号组成。同一系列产品因改进等原因需要区分时，由制造厂选用适当符号表示。

3. 型号编制举例

(1)汽油机。

1E65F：表示单缸，二冲程，缸径 65 mm，风冷、通用型。

4100Q：表示四缸，四冲程，缸径 100 mm，水冷车用。

CA6102：表示六缸，四冲程，缸径 102 mm，水冷通用型，CA 表示系列符号。

(2)柴油机。

195：表示单缸，四冲程，缸径 95 mm，水冷通用型。

165F：表示单缸，四冲程，缸径 65 mm，风冷、通用型。

495Q：表示四缸，四冲程，缸径 95 mm，水冷车用。

X4105：表示四缸，四冲程，缸径 105 mm，水冷通用型，X 表示系列代号。

▶ 任务实施

1. 任务准备

(1)设备：整车、剖开的发动机及发动机翻转架。

(2)工具：翼子板布、前格栅布。

(3)辅助材料：三件套、标记笔、抹布若干。

2. 实施步骤（表 1-1-1）

表 1-1-1　实施步骤

作业内容	图　解	技 术 规 范
1. 工具准备		**技术要求** 　1. 准备翼子板护垫三件套、方向换档手柄套、椅背套、脚垫、翼子抹布等 　2. 将上述工具在工具车上叠放整齐
2. 打开车门安装三件套		**技术要求** 　1. 打开车门 　2. 依次安装地板垫、转向盘套、座椅套、换档杆套等
3. 打开发动机舱盖释放杆		**技术要求** 打开发动机舱盖释放杆开关

续表

作业内容	图　解	技　术　规　范
4. 打开发动机舱盖挂钩		**技术要求** 打开发动机舱盖挂钩
5. 打开发动机舱盖		**技术要求** 1. 打开发动机舱盖 2. 安装发动机舱盖支撑杆
6. 安装翼子板布		**技术要求** 正确安装翼子板布
7. 观察发动机		**技术要求** 1. 找出发动机各主要部件位置 2. 判断发动机的类型并记录 3. 讨论发动机的特点

续表

作业内容	图　　解	技　术　规　范
8. 观察剖开的发动机台架		**技术要求** 找出发动机各主要部件位置
9.5S管理		**技术要求** 1. 安放发动机装饰盖 2. 取下翼子板布并叠放整齐 3. 关闭发动机舱盖 4. 取下转向盘套、座椅套、地板垫等并叠放整齐 5. 做好车身和地面清洁工作

Mission 任务 2　分析发动机的工作原理

任务目标

(1)了解发动机的基本术语。

(2)掌握四冲程汽油发动机的工作原理。

(3)能够养成规范意识及精益求精的工匠精神。

→ 必备知识

一、基本术语

1. 上止点

当活塞在气缸内做往复直线运动时，活塞运动到距曲轴旋转中心最远时活塞顶部所处的位置，称为上止点，如图1-2-1所示。

活塞位于上止点　　　　　　活塞位于下止点

图1-2-1　发动机的基本术语

2. 下止点

当活塞在气缸内做往复直线运动时，活塞运动到距曲轴旋转中心最近时活塞顶部所处的位置，称为下止点，如图1-2-1所示。

3. 活塞行程

活塞从一个止点到另一个止点所移动的距离，即上、下止点之间的距离称为活塞行程。一般用 S 表示，对应一个活塞行程，曲轴旋转 $180°$，如图 1-2-1 所示。

4. 曲柄半径

曲轴旋转中心到曲柄销中心之间的距离称为曲柄半径，一般用 R 表示。通常活塞行程为曲柄半径的两倍，即 $S = 2R$，如图 1-2-1 所示。

5. 气缸工作容积

活塞从一个止点运动到另一个止点所扫过的容积，称为气缸工作容积，如图 1-2-1 所示，一般用 V_h 表示，即

$$V_h = \frac{\pi}{4} D^2 \cdot S \times 10^{-6} (L)$$

式中 D——气缸直径，mm；

S——活塞行程，mm。

6. 燃烧室容积

活塞位于上止点时，其顶部与气缸盖之间的容积称为燃烧室容积，如图 1-2-1 所示，一般用 V_c 表示。

7. 气缸总容积

活塞位于下止点时，其顶部与气缸盖之间的容积称为气缸总容积，一般用 V_a 表示，如图 1-2-1 所示。

气缸总容积就是气缸工作容积和燃烧室容积之和，即

$$V_a = V_c + V_h$$

8. 发动机排量

多缸发动机各气缸工作容积的总和，称为发动机排量。一般用 V_L 表示，即

$$V_L = V_h \times i$$

式中 V_h——气缸工作容积；

i——气缸数目。

9. 压缩比

压缩比是指气体压缩前的容积与气体压缩后的容积之比值，即气缸总容积与燃烧室容积之比称为压缩比。压缩比表示了气体的压缩程度，是发动机性能的一个非常重要的指标，发动机实际的压缩比往往受气缸密封程度的影响而改变，一般用 ε 表示，即

$$\varepsilon = \frac{V_a}{V_c} = \frac{V_h + V_c}{V_c} = 1 + \frac{V_h}{V_c}$$

式中　　V_a——气缸总容积；

　　　　V_h——气缸工作容积；

　　　　V_c——燃烧室容积。

通常汽油机的压缩比为 6～10；柴油机的压缩比较高，一般为 16～22。

10. 工作循环

每一个工作循环包括进气、压缩、做功和排气四个过程。

发动机是一种能量转换机构，它将燃料燃烧产生的热能转变成机械能。要完成这个能量转换必须经过发动机的一个工作循环，工作循环不断地重复，就实现了能量转换，使发动机能够连续运转。

二、 四冲程汽油发动机的工作原理

1. 进气行程

如图 1-2-2 所示，随着曲轴的旋转，活塞从上止点向下止点运动，这时进气门打开，排气门关闭。进气过程开始时，气缸内残存有上一循环未排净的废气，因此，气缸内的压力稍高于大气压力。随着活塞下移，气缸内容积增大，压力减小，当压力低于大气压时，在气缸内产生真空吸力，空气经空气滤清器、进气管道、进气门等被吸入气缸。由于进气系统的阻力，进气终了时，气缸内气体压力略低于大气压，为 0.075 MPa～0.09 MPa。同时由于受残余废气和高温机件的加热，气体温度升至 370 K～400 K。

图 1-2-2　进气行程

2. 压缩行程

进气行程结束后，活塞在旋转曲轴的带动下，从下止点向上止点运动（图 1-2-3），这时进气门和排气门都关闭，气缸内成为封闭容积，进入气缸内的可燃混合气受到压缩，压力和温度不断升高，当活塞到达上止点时压缩行程结束。此时气体的压力和温度主要随压缩比的大小而定，气体压力为 0.6～1.2 MPa，温度可达 600～700 K。

图 1-2-3　压缩行程

3. 做功行程

当活塞位于压缩行程接近上止点（点火提前角）位置时，火花塞产生电火花点燃混合气并迅速燃烧，这时进气门和排气门仍然保持关闭，混合气燃烧放出大量的热使气缸内的气体温度和压力急剧升高，从而推动活塞从上止点向下止点运动，通过连杆使曲轴旋转并输出机械能（图 1-2-4）。

做功行程开始阶段气缸内的最高压力可达 3～5 MPa，温度可达 2 200～2 800 K，随着活塞的下移，气缸内容积增加，气体压力和温度逐渐下降，做功行程终了时，气体压力为 0.3～0.5 MPa，温度为 1 300～1 600 K。

图 1-2-4　做功行程

4. 排气行程

当做功接近终了时，排气门开启，进气门仍然关闭（图 1-2-5），靠废气的残余压力先进行自由排气，活塞到达下止点再向上止点运动时，继续把废气强制排出到大气中去，活塞越过上止点后，排气门关闭，排气行程结束。由于燃烧室容积的存在，不可能将废气全部排出气缸。受排气阻力的影响，排气终止时，气体压力仍高于

图 1-2-5　排气行程

大气压力，为 0.105～0.115 MPa，温度为 900～1 200 K。

曲轴继续旋转，活塞从上止点向下止点运动，又开始了下一个新的循环过程。

三、 四冲程柴油机与四冲程汽油机的主要区别

(1)在进气行程，柴油机进入气缸的是纯空气；而汽油机进入气缸的是可燃混合气。柴油发动机混合气形成的时间比汽油发动机混合气形成时间短。

(2)在压缩行程，柴油发动机的压缩比大，而汽油发动机的压缩比小。

(3)点火方式不同，柴油机使用压燃式点火方式，汽油机使用点燃式点火方式。

(4)柴油发动机和汽油发动机燃烧室的构造不同。

(5)柴油发动机转速低，汽油发动机转速高。

柴油机工作可靠，可长时间连续工作，寿命长，燃油消耗率低，使用经济性好，有一定的功率储备，能适应短期超载工作，但质量大，噪声较大。汽油机质量小，噪声和振动小，但燃油消耗率高，经济性较差。

四、 二冲程发动机的工作原理和工作过程

二冲程汽油机的工作循环也是由进气、压缩、做功、排气过程组成，但它是在曲轴旋转一圈(360°)，活塞上下往复运动的两个行程内完成的。因此，二冲程发动机与四冲程发动机工作原理不同，结构也不一样，如图 1-2-6 所示。

（a）压缩　　　　（b）进气　　　　（c）燃烧　　　　（d）排气

图 1-2-6 二冲程发动机工作原理

曲轴箱换气式二冲程汽油机，气缸上有三排孔，利用这三排孔分别在一定时刻被活塞打

开或关闭进行进气、换气和排气的。当活塞向上运动到将三排孔都关闭时，活塞上部形成了密闭的空间并开始压缩混合气；活塞继续上行，活塞下方进气孔开始打开，可燃混合气进入曲轴箱，活塞接近上止点时，火花塞点燃混合气，气体燃烧膨胀，推动活塞向下运动，进气孔关闭，曲轴箱内的混合气受到压缩，当活塞接近下止点时，排气孔打开，排出废气，活塞再向下运动，换气孔打开，受到压缩的混合气便从曲轴箱经进气孔流入气缸内，并扫除废气。

第一冲程：活塞从下止点向上止点运动，事先已充满活塞上方气缸内的混合气被压缩，新的可燃混合气被吸入活塞下方的曲轴箱内。

第二冲程：活塞从上止点向下止点运动，活塞上方进行做功过程和换气过程，而活塞下方则进行可燃混合气的预压缩。

➔ 知识拓展

可变压缩比是一种根据发动机负载情况调整压缩比的技术。高负载时调整至较低压缩比，而低负载时调整至较高的压缩比，用以提高增压发动机的燃油经济性。目前主要是通过改变活塞冲程来实现不同的压缩比（图 1-2-7）。

图 1-2-7　可变压缩比原理图

➔ 任务实施

1. 任务准备

（1）设备：破开的发动机及翻转架。

（2）工具：钢尺。

（3）辅助材料：标记笔、抹布若干。

2. **实施步骤**（表 1-2-1）

表 1-2-1　实施步骤

作业内容	图　解	技 术 规 范
1. 工具准备		**技术要求** 准备发动机台架
2. 找出上止点位置		**技术要求** 在发动机上找出上止点 **易发问题** 活塞未运行到最高位置就认为是上止点
3. 找出下止点位置		**技术要求** 在发动机上找出下止点 **易发问题** 活塞未运行到最低位置就认为是下止点
4. 测量活塞的行程		**技术要求** 测量上止点到下止点之间的距离 **易发问题** 测量时，钢尺未放垂直，斜视读数

续表

作业内容	图　解	技　术　规　范
5. 找出燃烧室容积的具体位置		**技术要求** 正确找出燃烧室容积的位置
6. 找出气缸工作容积的具体位置		**技术要求** 正确找出气缸工作容积
7. 清洁		**技术要求** 1. 清洁地面、发动机台架 2. 收好钢尺

→ **工匠精神**

　　1. 敬业。敬业是从业者基于对职业的敬畏和热爱而产生的一种全身心投入的认认真真、尽职尽责的职业精神状态。中华民族历来有"敬业乐群""忠于职守"的传统，敬业是中国人的传统美德，也是当今社会主义核心价值观的基本要求之一。早在春秋时期，孔子就主张人在一生中始终要"执事敬""事思敬""修己以敬"。"执事敬"，是指行事要严肃认真不怠慢；"事思敬"，是指临事要专心致志不懈怠；"修己以敬"，是指加强自身修养保持恭敬谦逊的态度。

項目**2** 配气机构的拆装与检测

　　配气机构是汽油机的重要组成部分；配气机构的功用是按照发动机每一气缸内所进行的工作循环和发火次序的要求，定时开启和关闭各气缸的进、排气门，使新鲜充量得以及时进入气缸，废气得以及时从气缸排出；在压缩与膨胀行程中，保证燃烧室的密封。新鲜充量对汽油机而言是汽油和空气的混合气，对柴油机而言是空气。

　　通过本项目的学习，要在知识、技能、行为习惯、职业素养等方面达到学思用贯通、知信行统一，能够培养精益求精的工匠精神，绿色环保的责任意识以及吃苦耐劳的卓越品质，并将尊重创造、敬业奉献、服务人民融入学习和生活中。

序号	学习内容（知识、技能、行为习惯、职业素养等）	评价标准			
		了解	掌握	指导下操作	独立操作
1	配气机构的组成		√		
2	配气机构的作用		√		
3	正时皮带的更换				√
4	正时链条的更换				√
5	凸轮轴的拆装检测				√
6	气门组拆装检测				√

MISSION 任务1　配气机构的认知

任　务　目　标

(1)掌握配气机构的结构组成及作用。

(2)理解配气相位的含义。

(3)能够独立规范更换正时皮带。

(4)能够养成规范意识及精益求精的工匠精神。

→ 必备知识

一、 配气机构的功用、 组成及类型

1. 配气机构的功用

按照发动机的工作顺序和工作循环的要求，定时开启和关闭各缸的进、排气门，使新鲜可燃混合气或空气得以及时进入气缸，废气得以从气缸及时排除。

2. 配气机构的组成

配气机构的组成：气门组、气门传动组，如图 2-1-1 所示。

3. 配气机构的类型

(1)气门布置形式：气门顶置式、气门侧置式，如图 2-1-2 所示。

图 2-1-1　配气机构的组成

（a）气门侧置　　　（b）气门顶置

图 2-1-2　气门布置形式

（2）凸轮轴的布置位置：凸轮轴的位置有下置式、中置式和上置式3种，如图2-1-3所示。

（a）凸轮轴下置　　　　（b）凸轮轴中置　　　　（c）凸轮轴上置

图2-1-3　凸轮轴的布置位置

凸轮轴置于曲轴箱内的配气机构为凸轮轴下置式配气机构。发动机工作时，曲轴通过定时齿轮驱动凸轮轴旋转。当凸轮的上升段顶起挺柱时，经推杆和气门间隙调整螺钉推动摇臂绕摇臂轴摆动，压缩气门弹簧使气门开启。当凸轮的下降段与挺柱接触时，气门在气门弹簧力的作用下逐渐关闭。

凸轮轴置于机体上部的配气机构被称为凸轮轴中置式配气机构。与凸轮轴下置式配气机构的组成相比，减少了推杆，从而减轻了配气机构的往复运动质量，增大了机构的刚度，更适用于较高转速的发动机。

凸轮轴置于气缸盖上的配气机构为凸轮轴上置式配气机构（OHC）。其主要优点是运动件少，传动链短，整个机构的刚度大，适合于高速发动机。由于气门排列和气门驱动形式的不同，凸轮轴上置式配气机构有多种多样的结构形式。

（3）气门驱动形式：直接驱动、摇臂驱动和摆臂驱动三种类型。

直接驱动：凸轮轴上置式配气机构，在这种形式的配气机构中，凸轮通过吊杯形机械挺柱驱动气门，或通过吊杯形液力挺柱驱动气门。与上述各种形式的配气机构相比，直接驱动式配气机构的刚度最大，驱动气门的能量损失最小。因此，在高度强化的轿车发动机上得到广泛的应用，如图2-1-4所示。

摇臂驱动：单凸轮轴上置式配气机构，凸轮轴推动液力挺柱，液力挺柱推动摇臂，摇臂再驱动气门；或凸轮轴直接驱动摇臂，摇臂驱动气门，如图2-1-5所示。

摆臂驱动：凸轮轴上置式配气机构，由于摆臂驱动气门的配气机构比摇臂驱动式刚度更好，更有利于高速发动机，在轿车发动机上的应用比较广泛，如图2-1-6所示。

（a）单上置凸轮轴（SOHC）　　　　　（b）双上置凸轮轴（DDHC）

图 2-1-4　直接驱动

图 2-1-5　摇臂驱动

图 2-1-6　摆臂驱动

（4）凸轮轴传动方式：齿轮传动、链条与链轮传动、齿形皮带传动，如图 2-1-7 所示。三种传动方式的特点和应用场合见表 2-1-1。

（a）齿轮传动　　　　　（b）链条与链轮传动　　　　（c）齿形皮带传动

图 2-1-7　凸轮轴传动方式

表 2-1-1　三种传动方式的特点及应用场合

传动方式	传动路线	特点	应用
齿轮传动	曲轴正时齿轮（钢）→凸轮轴正时齿轮（铸铁或胶木）	工作可靠，啮合平稳、噪声小	凸轮轴下置、中置式配气机构
链条与链轮传动	曲轴→链条→凸轮轴正时齿轮	可靠性、耐久性略差，噪声大，造价高	凸轮轴上置式配气机构
齿形皮带传动	曲轴→齿形皮带→凸轮轴正时齿轮	结构简单、噪声小、成本低、但需定期更换	凸轮轴上置式配气机构

正时机构：活塞的位置与进、排气门的开闭，其时间必须精确配合，故曲轴与凸轮轴的转动角度必须精密对正且保持不变。正时机构分为使用正时皮带（图 2-1-8）和使用正时链条（图 2-1-9）两种。

图 2-1-8　正时皮带

（a）SOHC发动机　　　（b）DOHC发动机

图 2-1-9　正时链条

二、 配气相位

配气相位是用曲轴转角表示的进、排气门的开启时刻和开启延续时间,通常用环形图表示配气相位图(图 2-1-10)。

图 2-1-10　配 气 相 位

配气相位对发动机的动力性、经济性、环保性有很大的影响。配气相位不准,会导致进气不充分、排气不顺畅,将影响混合气的形成品质,造成燃烧不完全,使发动机的动力性下降,燃料消耗量增加,排放污染物中的一氧化碳、氮氧化合物、碳氢化合物将大大增加。

(1)进气提前角 α:从进气门开到上止点曲轴所转过的角度。

(2)进气迟后角 β:从进气行程下止点到进气门关闭曲轴转过的角度。

(3)排气提前角 γ:从排气门开启到下止点曲轴转过的角度。

(4)排气迟后角 δ:从上止点到排气门关闭曲轴转过的角度。

(5)气门重叠:活塞在排气上止点附近出现进、排气门同时开启的现象。

(6)气门重叠角:重叠期间的曲轴转角称为气门重叠角,它等于进气提前角与排气迟后角之和 $\alpha+\delta$。

实际配气相位和理论上的配气相位相差很大,实际配气相位,气门要早开晚关,主要是为了满足进气充足、排气干净的要求。但实际操作中,究竟气门什么时候开?什么时候关最好呢?这主要根据各种车型,经过实验的方法确定,由凸轮轴的形状、位置及配气机构来保证。

　　配气相位的准确与否与发动机配气机构的技术状况好坏有关。配气相位失准，一般应检查凸轮轴的磨损情况，气门传动机构气门组的配合情况，可视情况进行更换机件正对齿轮法等进行调整。

→ **任务实施**

1. 任务准备

（1）设备：科鲁兹1.6 L LDE发动机及翻转架、零件台、工具车、维修手册。

（2）工具：世达工具、配气机构正时锁止工具、指针式扭力扳手、定扭力扳手、摇把、角度规。

（3）辅助材料：抹布、吸油纸。

2. 实施步骤（表2-1-2）

表 2-1-2　实施步骤

作业内容	图　解	技 术 规 范
1. 检查台架		**技术要求** 1. 锁止发动机台架 2. 检查发动机安装是否牢固
2. 拆卸气门室罩盖		**技术要求** 　按回字形顺序由外向内拆卸气门室罩盖螺栓

续表

作业内容	图　　解	技　术　规　范
3. 释放传动皮带张紧器上的张力		技术要求 逆时针转动，用锁销锁止
4. 拆下传动皮带		技术要求 从张紧轮处拆下皮带
5. 取下锁销、拆下传动皮带张紧器		技术要求 拆下传动皮带张紧器先用指针式扭力扳手进行卸力

续表

作业内容	图　解	技　术　规　范
6. 拆下正时皮带上前盖		**技术要求** 拆卸时用手轻扶防止掉落
7. 拆下正时皮带中前盖		**技术要求** 一字起前端要绕胶带，防止翘坏盖板
8. 转动曲轴		**技术要求** 　按发动机旋转方向转动曲轴，直到扭转减振器上标记与气缸 1 在上止点处对齐

作业内容	图　解	技 术 规 范
9. 对正时		**技术要求** 扭转减振器上的正时标记与端盖上的正时点对齐，如果有微小错位，用一字起微调旋转飞轮，使其对齐
10. 锁止曲轴		**技术要求** 将锁止片卡到飞轮齿轮槽中，并拧紧固定螺母
11. 拆下扭转减振器		**技术要求** 使用扭力扳手先进行卸力，然后取下扭转减振器

续表

作业内容	图　解	技　术　规　范
12. 检查曲轴链轮记号与机油泵壳体记号对齐		**技术要求** 　目视检查曲轴链轮正时记号与机油泵壳体正时记号对齐
13. 拆下正时皮带下前盖		**技术要求** 　1. 对角卸力 　2. 拆卸螺栓
14. 安装凸轮轴调节器锁止工具		**技术要求** 　1. 进气凸轮轴调节器上的凸点与左侧锁止工具上的凹槽不一致，必须略高于凹槽 　2. 排气凸轮轴调节器上凹点必须与锁止工具的凹槽一致
15. 锁止张紧轮		**技术要求** 　使用内六角扳手顺时针转动张紧器，用锁销锁止张紧轮

续表

作业内容	图　解	技 术 规 范
16. 拆下正时皮带		技术要求 1. 如果重复使用正时皮带，拆卸前标记皮带旋转方向 2. 从张紧轮处拆下皮带
17. 拆下正时皮带张紧器		技术要求 使用 T50 套筒对正时皮带张紧器螺栓进行卸力，然后拆下正时皮带张紧器
18. 拆下正时皮带惰轮		技术要求 使用 T50 套筒对正时皮带惰轮螺栓进行卸力，然后拆下正时皮带惰轮

作业内容	图　解	技　术　规　范
19. 拆卸曲轴链轮		**技术要求** 1. 用手轻晃曲轴链轮，取下曲轴链轮 2. 检查曲轴链轮外观，确认无误后装入
20. 更换新的正时皮带张紧器、正时皮带惰轮		**技术要求** 1. 更换新的正时皮带张紧器、惰轮，并检查其功能是否正常 2. 按规定扭力紧固螺栓 <table><tr><td>第一遍</td><td>20 N·m</td></tr><tr><td>第二遍</td><td>120°</td></tr><tr><td>第三遍</td><td>15°</td></tr></table>
21. 更换新的正时皮带		**技术要求** 1. 更换新的同型号正时皮带 2. 最后从正时皮带张紧器处完成皮带的安装

续表

作业内容	图　　解	技　术　规　范
22. 安装下前盖、中前盖和扭转减振器		**技术要求** 1. 按规定扭力安装下前盖、扭转减振器固定螺栓 2. 对角拧紧下前盖螺栓 下前盖螺栓　6 N·m 扭转减振器螺栓 第一遍 95 N·m / 第二遍 45° / 第三遍 15°
23. 取下曲轴锁止工具、旋转曲轴		**技术要求** 1. 使用内六角扳手，顺时针方向旋转释放应力，取下张紧轮锁销 2. 安装中前盖要准确卡到规定位置
24. 取出凸轮轴调节器锁止工具、安装上前盖		**技术要求** 1. 对角安装上前盖螺栓 2. 按规定扭力拧紧上前盖螺栓 3 拆卸飞轮锁止工具 上前盖螺栓　6 N·m
25. 取下曲轴锁止工具、旋转曲轴		**技术要求** 按照发动机选装方向旋转曲轴两圈，查看正时标记

下前盖螺栓 6 N·m 表:

下前盖螺栓	6 N·m	
扭转减振器螺栓	第一遍	95 N·m
	第二遍	45°
	第三遍	15°

续表

作业内容	图　解	技术规范
26. 安装传动皮带张紧器		技术要求 按规定扭力拧紧传动皮带张紧器 传动皮带张紧器　|　55 N·m
27. 安装传动皮带张紧器锁销		技术要求 使用扳手顺时针旋转传动皮带张紧器，将锁销装入
28. 安装新的传动皮带、取出传动皮带锁销		技术要求 1. 更换新的同型号传动皮带 2. 顺时针旋转传动皮带张紧器，取出传动皮带锁销
29. 安装气门室罩盖		技术要求 按顺序由内向外安装气门室罩盖螺栓 气门室罩盖螺栓　|　8 N·m

续表

作业内容	图　解	技术规范
30. 5S 管理		**技术要求** 按照技术要求完成 5S 项目

➤ 知识拓展 ──────────────────────────────

正时链条的更换

➤ 任务实施 ──────────────────────────────

1. 任务准备

(1)设备：卡罗拉发动机拆装翻转台架 1 台、零件车 1 台、工具车 1 台、维修手册 1 套。

(2)工具：世达工具车、世达工具套装、扭力扳手、专用工具 SST、机油壶。

(3)P 辅助材料：抹布、吸油纸。

2. 实施步骤（表 2-1-3）

表 2-1-3　实施步骤

作业内容	图　解	技术规范
1. 拆卸气缸盖罩分总成		**技术要求** 先对角卸力，再拆卸螺栓 安装扭矩为 10 N·m

续表

作业内容	图解	技术规范
2. 将1号气缸设置到 TDC/压缩	 正时标记 正时槽口	**技术要求** 1. 转动曲轴皮带轮，直到其凹槽与正时链条盖上的正时标记"0"对准 2. 如图所示，检查并确认凸轮轴正时齿轮和链轮上的各正时标记和位于1号和2号轴承盖上的各正时标记对准。如果没有对准，则转动曲轴1圈（360°），如上所述对准正时标记
3. 拆卸曲轴皮带轮		**技术要求** 1. 用SST固定皮带轮并松开皮带轮螺栓，安装SST时要检查其安装位置，以防止SST安装螺栓接触正时链条盖分总成 2. 用指针式扭力扳手卸力，取下固定螺栓和曲轴皮带轮
4. 拆卸1号链条张紧器总成		**技术要求** 1. 拆下2个螺母、托架、张紧器和衬垫，取出后摆放整齐 2. 不要在不使用链条张紧器的情况下转动曲轴
5. 拆卸正时链条盖分总成		**技术要求** 对角线预松正时链条盖19个螺栓后，取下螺栓，用螺钉旋具撬动正时链条盖和气缸盖或气缸体之间的部位，拆下正时链条盖。使用螺钉旋具之前，请在螺钉旋具头部缠上胶带

作业内容	图　　解	技　术　规　范
6. 拆卸链条张紧器导板		**技术要求** 用手将链条张紧器导板从卡槽中取出
7. 拆卸 1 号链条振动阻尼器		**技术要求** 　使用 10 号套筒拆下 2 个螺栓和 1 号链条振动阻尼器
8. 拆卸链条分总成		**技术要求** 　1. 用扳手固定住凸轮轴的六角头部分，并逆时针旋转凸轮轴正时齿轮总成，以松开凸轮轴正时齿轮之间的链条 　2. 链条松开时，将链条从凸轮轴正时齿轮总成上松开，并将其放置在凸轮轴正时齿轮总成上。确保将链条从链轮上完全松开 　3. 顺时针转动凸轮轴，使其回到原来位置，并拆下链条

作业内容	图　解	技　术　规　范
9. 拆卸 2 号链条振动阻尼器		技术要求 使用 10 号套筒拆下 2 个螺栓和 2 号链条振动阻尼器，安装扭力为 10 N
10. 安装链条分总成		技术要求 1. 检查每个凸轮轴正时齿轮上的正时标记 2. 将标记板（橙色）和正时标记对准并安装链条 3. 确保使标记板位于发动机前侧 4. 不要使链条缠绕在凸轮轴正时齿轮总成的链轮周围。只可将其放置在链轮上 5. 将链条穿过 1 号振动阻尼器
11. 正时齿轮键位于顶部		技术要求 将链条放在曲轴上，但不要使其缠绕在曲轴周围
12. 安装 1 号链条振动阻尼器		技术要求 按规定扭力拧紧 1 号链条振动阻尼器螺栓

续表

作业内容	图　　解	技　术　规　范
13.将标记板(橙色)和正时标记对准并安装链条		**技术要求** 　1.用扳手固定住凸轮轴的六角头部分,并逆时针旋转凸轮轴正时齿轮总成,以使橙色标记板和正时标记对准 　2.确保使标记板位于发动机前侧 　3.用扳手固定住凸轮轴的六角头部分,并顺时针旋转凸轮轴正时齿轮总成 　4.为了张紧链条,缓慢地顺时针旋转凸轮轴正时齿轮总成,防止链条错位
14.安装链条张紧器导板		**技术要求** 将链条张紧器导板装入定位槽中
15.安装正时链条盖分总成		**技术要求** 按规定扭力对角线拧紧正时链条盖螺栓 表格： 螺栓编号 / 扭矩/(N·m) A、E / 26 B / 51 C / 51 D / 10

续表

作业内容	图　解	技　术　规　范
16. 安装曲轴皮带盘，正时槽口对准		技术要求 　1. 对准正时标记 　2. 用 SST 固定皮带轮就位并拧紧螺栓。扭矩为 190 N·m 　3. 安装 SST 时要检查其安装位置，以防止 SST 安装螺栓接触正时链条盖分总成。
17.5S 管理		技术要求 按照技术要求完成 5S 项目

任务 2 气门传动组的拆装与检测

任 务 目 标

(1)掌握气门传动组的组成及作用。

(2)能够规范地进行气门传动组的拆装。

(3)能够独立完成气门间隙的检测。

(4)能够养成规范意识及精益求精的工匠精神。

→ 必备知识

一、气门传动组

功用：定时驱动气门开闭，并保证气门有足够的开度和适当的气门间隙。

组成：由凸轮轴、挺柱、推杆和摇臂等组成。

图 2-2-1   气门传动组

1. 凸轮轴

凸轮轴的作用是控制气门的开闭及其升程的变化规律。

凸轮轴由凸轮和轴颈两部分组成(图 2-2-2)，其外廓形状决定了气门的开闭时刻及其升程的变化规律(图 2-2-3)。

图 2-2-2　凸轮轴　　　　　　　　图 2-2-3　凸轮轮廓

2. 挺柱

挺柱的作用是将凸轮的推力传给推杆或气门，并承受凸轮轴旋转时所施加的侧向力。常见的有机械式和液压式两类（图 2-2-4 和图 2-2-5）。

（a）菌式　　　　（b）桶式　　　　（c）滚轮式　　　　（a）气门关闭时　（b）气门打开时

图 2-2-4　机械式气门挺柱　　　　　　　图 2-2-5　液压式气门挺柱

二、气门间隙

1. 气门间隙概念

为保证气门关闭严密，通常发动机在冷态装配时，在气门杆尾端与气门驱动零件（摇臂、挺柱或凸轮）之间留有适当的间隙（图 2-2-6）。

图 2-2-6　气门间隙

2. 气门间隙过大过小的影响

不同机型，气门间隙的大小不同，根据实验确定，一般冷态时，排气门间隙大于进气门间隙，进气门间隙为 0.25～0.3 mm，排气门间隙约为 0.3～0.35 mm。

（1）气门间隙过大。间隙过大会造成进、排气门开启迟，进而会缩短进排气时间、降低气门的开启高度、改变正常的配气相位，使发动机因进气不足，排气不净而功率下降。此外，还使配气机构零件的撞击增加，磨损加快。

（2）气门间隙过小。间隙过小将会造成发动机工作后，零件因受热膨胀，将气门推开，使气门关闭不严，造成漏气，功率下降，并使气门的密封表面严重积炭或烧坏，甚至气门撞击活塞。

3. 零气门间隙

采用液力挺柱或气门间隙自动补偿器可以实现零气门间隙，不用调整气门间隙。

三、 可变配气正时及可变气门升程

20 世纪 80 年代，诸多企业开始投入了可变气门正时的研究。1989 年本田首次发布了"可变气门配气相位和气门升程电子控制系统"（variable valve timing and valve life electronic control system，VTEC）。此后，各家企业不断发展该技术，到今天已经非常成熟，丰田也开发了 VVT-i，保时捷开发了 Variocam，现代开发了 DVVT……几乎每家企业都有了自己的可变气门正时技术。一系列可变气门技术虽然商品名各异，但其设计思想却极为相似。

1. VTEC 可变气门正时和气门升程电子控制系统

VTEC 系统全称是可变气门正时和升程电子控制系统，是本田的专有技术，它能随发动机转速、负荷、水温等运行参数的变化而适当地调整配气正时和气门升程，使发动机在高、低速下均能达到最高效率。图 2-2-7 为本田 i-vtec 工作原理。

图 2-2-7 本田 i-vtec 工作原理

2. VVT-i 可变气门正时系统

VVT-i 是丰田公司的智能可变气门正时系统的英文缩写。该系统可连续调节气门正时，但不能调节气门升程。它的工作原理是，当发动机由低速向高速转换时，电子计算机就自动地将机油压向进气凸轮轴驱动齿轮内的小涡轮，这样，在压力的作用下，小涡轮就相对于齿轮壳旋转一定的角度，从而使凸轮轴在60°的范围内向前或向后旋转，从而改变进气门开启的时刻，达到连续调节气门正时的目的。

→ **任务实施**

1. 任务准备

（1）设备：科鲁兹1.6 L LDE发动机及翻转架、零件台、工具车、维修手。

（2）工具：世达工具、配气机构正时锁止工具、指针式扭力扳手、定扭力扳手、摇把、角度规、塞尺。

（3）辅助材料：抹布、吸油纸。

1. 实施步骤（表2-2-1）

表 2-2-1　实施步骤

作业内容	图　解	技 术 规 范
1. 安装飞轮锁止工具		**技术要求**　将曲轴锁止工具正确装入飞轮齿中，并固定
2. 锁止进排气凸轮轴后端		**技术要求**　使用开口扳手转动凸轮轴六角头，直至凸轮轴末端的凹槽处于水平位置，将锁止工具插入凸轮轴后端凹槽中

续表

作业内容	图 解	技 术 规 范
3. 拆下进排气凸轮轴调节器密封塞		**技术要求** 使用指针式扭力扳手和 T55 套筒对凸轮轴调节器密封塞进行卸力,然后取下凸轮轴调节器密封塞
4. 拆下进、排气凸轮轴调节器		**技术要求** 1. 取出调节器锁止工具 2. 使用指针式扭力扳手和 T55 套筒对凸轮轴调节器螺栓进行卸力,然后取下凸轮轴调节器
5. 拆正时皮带后盖		**技术要求** 对角卸力

续表

作业内容	图　解	技术规范
6. 拆卸第一凸轮轴轴承架		**技术要求** 1. 轴承盖螺栓拆卸顺序：由外到内 2. 用橡胶锤轻轻敲打以松开轴承盖
7. 分离凸轮轴密封圈		**技术要求** 密封圈必须更换
8. 拆卸进、排气凸轮轴油封及轴承盖		**技术要求** 1. 以 0.5～1 圈的增量从外到内旋松 8 个凸轮轴承盖螺栓 2. 按照顺序摆放轴承盖 3. 注意轴承盖的数字方向

续表

作业内容	图　　解	技术规范
9. 取下挺柱		**技术要求** 用吸棒取出按照顺序摆放在油盆里
10. 清洁气门传动组组件		**技术要求** 1. 用适当的工具清洁第一凸轮轴轴承架和气缸盖的密封面，清除油管中的残余密封胶 2. 清洁凸轮轴轴承盖、轴承座及螺栓 3. 清洁凸轮轴表面 4. 用气枪吹净各组件及油道
11. 目视检查各组件		**技术要求** 1. 检查凸轮轴凸轮、轴径有无异常磨损或损坏 2. 检查凸轮轴轴承盖、轴承座及螺栓无异常磨损或损坏 3. 检查挺柱表面是否有异常
12. 安装挺柱		**技术要求** 1. 使用吸棒按顺序安装挺柱 2. 在安装好的挺柱表面涂抹润滑油

续表

作业内容	图　解	技　术　规　范
13. 安装进、排气凸轮轴		**技术要求** 1. 在凸轮轴轴承座表面涂抹润滑油 2. 正确装入进、排气凸轮轴 3. 将1缸进、排的凸轮轴的凸轮分别朝外放置，呈外八字形 4. 在凸轮轴轴径及凸轮表面涂抹润滑油
14. 安装凸轮轴轴承盖		**技术要求** 1. 在凸轮轴轴承盖接触面上涂抹润滑油，注意螺栓及螺栓孔中不要接触到油液 2. 按顺序装入2～9号凸轮轴轴承盖并将螺栓按规定扭矩拧紧 　凸轮轴轴承盖螺栓　　8 N·m
15. 安装第一凸轮轴轴承架		**技术要求** 1. 密封面必须无机油和润滑脂 2. 密封面(箭头)必须无机油和润滑脂 3. 必须确保没有将密封剂涂到标记的密封区域(1)之外 4. 邻近密封面的凹槽必须保持无密封胶状态 　凸轮轴轴承架螺栓　　8 N·m

续表

作业内容	图　　解	技　术　规　范
16. 安装正时皮带后盖		**技术要求** 对角拧紧正时皮带后盖螺栓，扭矩为 6 N·m
17. 安装进、排气凸轮轴调节器及锁止工具		**技术要求**

技术规范（第17项续）

调节器螺栓	第一遍 50 N·m
	第二遍 150°
	第三遍 15°
调节器封闭螺塞	30 N·m
凸轮轴封闭螺栓	30 N·m
凸轮轴盖螺栓	8 N·m

作业内容	图　　解	技　术　规　范
18. 完成正时皮带的安装		**技术要求** 参考任务一的任务要求完成安装

作业内容	图　解	技术规范
19. 安装扭转减振器并旋转曲轴检查正时		**技术要求** 　1. 拆下扭转减振器锁止工具、曲轴锁止工具、凸轮轴锁止工具 　2. 按照发动机选装方向旋转曲轴两圈，查看正时标记
20. 检查凸轮轴位置		**技术要求** 　检查气缸 2(1)进气侧凸轮和气缸 3(2)排气侧凸轮位于顶部且略微向内倾斜相同角度
21. 检查气门间隙		**技术要求** 　1. 使用 EN-6361 塞尺检查气门间隙并记下气缸 2(1)进气侧凸轮和气缸 3(2)排气侧凸轮的测量结果 　2. 进气门 0.21～0.29 mm(标称值 0.25 mm) 　3. 排气门 0.27～0.35 mm(标称值 0.30 mm)

续表

作业内容	图　解	技 术 规 范
22. 旋转曲轴沿发动机旋转方向转动180°		**技术要求** 1. 气缸 1(1)进气侧凸轮和气缸 4(2)排气侧凸轮以一定角度指向上方 2. 使用 EN-6361 塞尺检查气门间隙 3. 记下结果
23. 旋转曲轴沿发动机旋转方向转动180°		**技术要求** 1. 气缸 3(1)进气侧凸轮和气缸 2(2)排气侧凸轮以一定角度指向上方 2. 使用 EN-6361 塞尺检查气门间隙 3. 记下结果
24. 旋转曲轴沿发动机旋转方向转动180°		**技术要求** 1. 气缸 4(1)进气侧凸轮和气缸 1(2)排气侧凸轮以一定角度指向上方 2. 使用 EN-6361 塞尺检查气门间隙 3. 记下结果

续表

作 业 内 容	图　　解	技 术 规 范
25. 曲轴转动 180°，至气缸 1 做功冲程的上止点		**技术要求** 检查扭转减振器、凸轮轴调节器、凸轮轴正时标记是否对齐
26. 根据测量结果选配合适的挺柱		**技术要求** 新梃杆厚度＝测量气门间隙值＋实际厚度值－标准气门间隙 其中： 进气门标称值＝0.25 mm 排气门标称值＝0.30 mm 实际厚度值为 27X 尺寸：3.258 mm
27.5S 管理		**技术要求** 按照技术要求完成 5S 项目

Mission 任务 3　气门组的拆装与检测

任 务 目 标

(1)掌握气门组的组成及作用。

(2)能够规范地进行气门油封的更换。

(3)能够养成规范意识及精益求精的工匠精神。

→ 必备知识

气门组由气门、气门导管、气门弹簧、气门弹簧座、锁片、油封等零件组成，如图 2-3-1 所示。

气门锁片
上气门弹簧座
气门弹簧
气门油封
气门导管

气门座圈
气门

图 2-3-1　气门组

一、气门

1. 气门的作用

气门是用来封闭气道的。气门由头部和杆身两部分组成。头部用来封闭进、排气道，杆身用来在气门开闭过程中起导向作用。

2. 气门的工作条件

气门的工作条件是很恶劣的。

(1)气门头部直接与气缸内燃烧的高温气体接触，承受的工作温度很高，进气门达 570～670 K，排气门高达 1 050～1 200 K。

(2)气门散热困难，主要靠头部密封锥面与气门座接触处散热，气门杆与气门导管之间也能散失一部分热量，但散热面积小于受热面积。

(3)气门在关闭时承受很大的落座冲击力，发动机转速越高，冲击力越大。

(4)气门还受到燃气中腐蚀介质的腐蚀。

(5)气门润滑困难。

(6)气门还要承受气体压力、传动组零件惯性力的作用。

3. 气门的材料

由于气门的工作条件很差，要求气门材料必须有足够的强度、刚度、耐高温和耐磨损。进气门一般采用中碳合金钢，排气门多采用耐热合金钢。

4. 气门头部结构形式

常见气门头部结构分为平顶式、凸顶式和凹顶式，如图 2-3-2 所示。气门头部直径越大，气门口通道截面就越大，进、排气阻力就越小。通常进气门头部直径大于排气门。另外，排气门稍小些，还不易变形。三种结构形式的特点和应用场合见表 2-3-1。

(a) 平顶式　　　(b) 凸顶式　　　(c) 凹顶式

图 2-3-2　气门头部结构形式

表 2-3-1　三种结构形式的特点及应用场合

气门结构形式	特点和应用
平顶式	结构简单，制造方便，吸热面积小，质量也小，进、排气门都可采用
凸顶式（球面顶）	适用于排气门，因为其强度高，排气阻力小，废气的清除效果好，但球形的受热面积大，质量和惯性力大，加工复杂
凹顶式	减少阻力，但其顶部受热面积大，故只适用于进气门

5. 气门锥角

气门锥角是指气门头部与气门座圈接触的锥面与气门顶部平面的夹角。

(1)气门锥角的作用。

①像锥形塞子可以塞紧瓶口一样，能获得较大的气门座合压力，以提高密封性和导热性。

图 2-3-3　气门头部锥角

②气门落座时有自动定位作用。

③避免气流拐弯过大而降低流速。

④气门落座时能挤掉接触面的沉积物，即有自洁作用。

(2)气门锥角的大小：进气门一般为30°；排气门一般为45°。

①进气门锥角较小，多用30°。因锥角越小，进气通道截面越大，进气量越多。

②排气门锥角较大，通常为 45°。因锥角越大，气门头部边缘的厚度大，不易变形。排气门热负荷较大而用较大的锥角，以加强散热和避免受热变形。且锥角越大，座合压力越大，自洁作用越大。

二、气门座

气门座是指气缸盖的进、排气道与气门锥面相结合的部位(图 2-3-4)。

作用：靠其内锥面与气门锥面的紧密贴合密封气缸。接受气门传来的热量。

图 2-3-4　气门座

三、气门导管

气门导管如图 2-3-5 所示。

1. 作用

作用：为气门的运动导向，保证气门直线运动，同时还起到导热作用，将气门头部传给杆身的热量，通过气缸盖传出去。

2. 工作条件

图 2-3-5　气门导管

工作温度较高，约 500 K。润滑是靠配气机构飞溅出来的机油进行润滑的，因此，润滑困难，易磨损。

3. 材料

用含石墨较多的合金铸铁或粉末冶金材料，能提高自润滑作用。

4. 装配

气门杆与气门导管间隙为 0.05~0.12 mm。

四、气门弹簧

气门弹簧如图 2-3-6 所示。

作用：保证气门回位，使气门与气门座紧密贴合。气门关闭时，保证气门及时关闭、密封；气门开启时，保证气门不脱离凸轮。

五、锁片

锁片如图 2-3-7 所示。

作用：在气门弹簧力的作用下把弹簧座和气门杆锁住，使弹簧力作用到气门杆上。

图 2-3-6　气门弹簧

图 2-3-7　锁片

六、气门油封

常见气门油封如图 2-3-8 所示。气门油封是发动机气门组的重要零件之一，在高温下与汽油和机油相接触。因此需要采用耐热性和耐油性优良的材料，一般为氟橡胶制作。

气门油封的主要作用：

(1)可以防止机油进入进(排)气管，避免造成机油流失。

(2)防止汽油与空气的混合气体以及排放废气泄漏。

(3)防止发动机机油进入燃烧室，如图 2-3-9 所示。

图 2-3-8　气门油封

图 2-3-9　气门油封的作用

➡ **任务实施** ────────────────────────●

1. 任务准备

(1)设备：科鲁兹 1.6 L LDE 发动机、维修手册。

(2)工具：吸棒、油封钳、钢丝刷、游标卡尺、油盆、世达工具套、抹布、染色剂、护目镜、气门拆装专用工具等。

（3）辅助材料：抹布、吸油纸。

2. 实施步骤（表 2-3-2）

表 2-3-2　实施步骤

作业内容	图　解	技术规范
1. 使用专用工具释放气门座圈		**技术要求** 　1. 拆装前必须佩戴护目镜 　2. 专用工具一端紧贴气门头部，另一端放于气门弹簧座上，操作工具压紧气门弹簧
2. 取出气门锁片		**技术要求** 　使用磁棒吸出两个气门锁片，按顺序摆放整齐
3. 取出弹簧座圈、气门弹簧及气门		**技术要求** 　使用磁棒吸出弹簧座圈及弹簧，推动气门杆取出气门，按顺序摆放整齐
4. 取出气门油封		**技术要求** 　使用专用夹具夹出气门油封，按顺序摆放整齐

续表

作业内容	图　解	技　术　规　范
5.清洁气门		**技术要求** 1.用软毛刷清洁气门头上的积炭。不得使用钢丝刷清洁气门杆的任何部分。气门杆表面镀铬以增强抗磨损特性。对气门杆使用钢丝刷会除去镀铬层 2.用溶剂彻底清洗气门并将其擦干
6.进排气门外观检查		**技术要求** 1.检查气门是否有以下状况 （1）气门座部位点蚀 （2）气门余量厚度不足 （3）气门杆弯曲 （4）气门杆点蚀或严重磨损 （5）气门锁片槽磨损 （6）气门杆顶端磨损 2.如果存在上述任一状况，则更换气门
7.进、排气门座接触面宽度测量		**技术要求** 1.使用游标卡尺或合适的工具测量气门座接触面宽度

名称	标准/mm
进气门座宽度	1.000～1.400
排气门座宽度	1.400～1.800

2.如果测量结果超出范围则修整气门座，以便使宽度恢复到规格内

作业内容	图　　解	技　术　规　范
8. 测量进、排气门接触面宽度		**技术要求** 　　用适当的标尺在气门锥面(1)上测量气门座宽度 　　注意：气门座接触面至少要距离气门外径(余量)0.5 mm(0.020 英寸)。如果接触区域距离边缘太近，则必须修整气门座以使接触区域远离边缘。
9. 检查进、排气门同心度		**技术要求** 　　检查气门对气门座同心度，确定气门和气门座是否正常密封。 　　1. 将染色剂涂于气门锥面上，装入气缸盖，用力抵着气门座转动气门，以磨去染料。 　　2. 拆下气门，检查气门锥面印痕是否连续。 　　如果印痕不连续则修整气门锥面或更换气门并且必须修整气门座。
10. 清洁气门与气门座染色剂		**技术要求** 　　清洁气门与气门座表面染色剂后，在接触表面涂抹润滑油
11. 安装气门、气门弹簧、气门座圈		**技术要求** 　　将对应的气门、气门弹簧、气门座圈后，用气门拆装专用工具压紧

续表

作业内容	图　解	技　术　规　范
12. 装入气门锁片		**技术要求** 在锁片表面涂抹润滑脂后，使用磁棒装出两个气门锁片
13. 取下气门拆装专用工具		**技术要求** 安装完毕后缓慢松开气门拆装专用工具
14.5S 管理		**技术要求** 按照技术要求完成 5S 项目

→ 工匠精神

2. 专注。专注就是内心笃定而着眼于细节的耐心、执着、坚持的精神，这是一切"大国工匠"所必须具备的精神特质。从中外实践经验来看，工匠精神都意味着一种执着，即一种几十年如一日的坚持与韧性。"术业有专攻"，一旦选定行业，就一门心思扎根下去，心无旁骛，在一个细分产品上不断积累优势，在各自领域成为"领头羊"。在中国早就有"艺痴者技必良"的说法，如《庄子》中记载的游刃有余的"庖丁解牛"、《核舟记》中记载的奇巧人王叔远等。

PROJECT 3 项目 3 曲柄连杆机构的拆装与检测

项 目 概 述

曲柄连杆机构是内燃机实现工作循环，完成能量转换的传动机构，用来传递力和改变运动方式。曲柄连杆机构在做功行程把活塞的往复运动转变成曲轴的旋转运动，对外输出动力；而在其他三个行程，即进气、压缩、排气行程中又把曲轴的旋转运动转变成活塞的往复直线运动。曲柄连杆机构的零件分为机体组、活塞连杆组和曲轴飞轮组三个部分。

通过本项目的学习，要在知识、技能、行为习惯、职业素养等方面达到学思用贯通、知信行统一，能够培养精益求精的工匠精神，绿色环保的责任意识以及吃苦耐劳的卓越品质，并将尊重创造、敬业奉献、服务人民融入学习和生活中。

序号	学习内容（知识、技能、行为习惯、职业素养等）	评价标准			
		了解	掌握	指导下操作	独立操作
1	曲柄连杆机构的组成及作用		✓		
2	机体组的拆装与检测				✓
3	活塞连杆组的拆装与检测				✓
4	曲轴飞轮组的拆装与检测				✓

机体组的拆装与检测

任　务　目　标

(1) 掌握机体组的拆装、检测方法及技术规范。

(2) 能正确使用工量具等完成机体组的拆装、检测。

(3) 能够养成规范意识及精益求精的工匠精神。

→ 必备知识

发动机的机体组主要由气缸体、曲轴箱、气缸盖和气缸垫等零件组成，如图 3-1-1 所示。

图 3-1-1　发动机的机体总组成

一、气缸盖

气缸盖安装在气缸体的上面，从上部密封气缸并构成燃烧室。水冷发动机的气缸盖内部制有冷却水套，缸盖下端面的冷却水孔与缸体的冷却水孔相通。缸盖上还装有进、排气门座，气门导管孔，用于安装进、排气门，还有进气通道和排气通道等。汽油机的气缸盖上加工有安装火花塞的孔，顶置凸轮轴式发动机的气缸盖上还加工有凸轮轴轴承孔，用以安装凸轮轴。

气缸盖一般采用灰铸铁或合金铸铁铸成，铝合金的导热性好，有利于提高压缩比，所以近年来铝合金气缸盖被采用得越来越多。

气缸盖是燃烧室的组成部分，燃烧室的形状对发动机的工作影响很大。汽油机燃烧室常见的有半球形燃烧室、楔形燃烧室、盆形燃烧室三种形式，如图 3-1-2 所示。

(a) 半球形   (b) 楔形   (c) 盆形

图 3-1-2   汽油机燃烧室类型

二、 气缸垫

气缸垫装在气缸盖和气缸体之间，其功用是保证气缸盖与气缸体接触面的密封，防止漏气、漏水和漏油，如图 3-1-3 所示。气缸垫要有一定的弹性，能补偿结合面的不平度，以确保密封，同时要有好的耐热性和耐压性，在高温高压下不烧损、不变形。

目前应用较多的气缸垫有金属——石棉气缸垫，这种石棉中间夹有金属丝或金属屑，且外覆铜皮或钢皮；另一种是采用实心金属片制成，这种垫多用在强化发动机上，在轿车和赛车上多采用这种；此外还有采用中心用编制的钢丝网或有孔钢板为骨架两边用石棉及橡胶粘结剂压成的气缸盖衬垫。

图 3-1-3   气缸垫

安装气缸垫时，首先要检查气缸垫的质量和完好程度，所有气缸垫上的孔要和气缸体上的孔对齐，其次要严格按照技术要求上好气缸盖螺栓。拧紧气缸盖螺栓时，必须由中央对称地向四周扩展的顺序分 2～3 次进行，最后一次拧紧到规定的力矩。

三、 气缸体

水冷发动机的气缸体和上曲轴箱常铸成一体，称为气缸体——曲轴箱，也可称为气缸体。气缸体一般用灰铸铁铸成，气缸体上部的圆柱形空腔称为气缸，下半部为支承曲轴的曲轴箱，其内腔为曲轴运动的空间。在气缸体内部铸有许多加强筋，冷却水套和润滑油道等。如图 3-1-4 所示。

图 3-1-4   气缸体

气缸体应具有足够的强度和刚度，根据气缸体与油底壳安装平面的位置不同，通常把气缸体分为一般式、龙门式、隧道式三种形式，如图 3-1-5 所示。

（a）一般式　　　（b）龙门式　　　（c）隧道式

图 3-1-5　气缸体分类

1. 一般式气缸体

一般式气缸体的油底壳安装平面和曲轴旋转中心在同一高度。优点是机体高度小，质量小，结构紧凑，便于加工，曲轴拆装方便；其缺点是刚度和强度较差。

2. 龙门式气缸体

龙门式气缸体的特点是油底壳安装平面低于曲轴的旋转中心。它的优点是强度和刚度都好，能承受较大的机械负荷；其缺点是工艺性较差，结构笨重，加工较困难。

3. 隧道式气缸体

隧道式气缸体曲轴的主轴承孔为整体式，采用滚动轴承，主轴承孔较大，曲轴从气缸体后部装入。其优点是结构紧凑、刚度和强度好，但其缺点是加工精度要求高，工艺性较差，曲轴拆装不方便。

为了能够使气缸内表面在高温下正常工作，必须对气缸和气缸盖进行适当地冷却。冷却方法有两种：一种是水冷；另一种是风冷。水冷发动机的气缸周围和气缸盖中都加工有冷却水套，并且气缸体和气缸盖冷却水套相通，冷却水在水套内不断循环，带走部分热量，对气缸和气缸盖起冷却作用。

四、　气缸和气缸套

气缸直接镗在气缸体上叫做整体式气缸。整体式气缸的强度和刚度都好，能承受较大的载荷，但对材料要求高，其成本也高。用耐磨的优质材料将气缸制造成单独的圆筒形零件，然后再装到气缸体内，这种气缸叫气缸套。采用气缸套后，气缸体可用价格较低的一般材料制造，降低了发动机的制造成本；同时气缸套还可以从气缸体中单独取出，便于修理和更换，大大延长了气缸体的使用寿命。

气缸套有干式气缸套和湿式气缸套两种，如图 3-1-6 所示。

图 3-1-6　气缸套

干式气缸套的特点是气缸套装入气缸体后，其外壁不直接与冷却水接触，而和气缸体的壁面直接接触，壁厚较薄，一般为 1～3 mm。它具有整体式气缸体强度和刚度都较好的优点，但由于气缸套的内、外表面都需要进行精加工，加工比较复杂、制造成本高，拆装不方便，散热不良。

湿式气缸套的特点是气缸套装入气缸体后，其外壁直接与冷却水接触，气缸套仅在上、下各有一圆环地带和气缸体接触，壁厚一般为 5～9 mm。它散热良好，冷却均匀，加工容易，通常只需要精加工内表面，而与水接触的外表面不需要加工，拆装方便，但缺点是强度、刚度都不如干式气缸套好，而且容易产生漏水现象，必须采取一些防漏措施。

五、 气缸的磨损

气缸在使用磨损后失去正确的几何形状，会影响到发动机动力性和经济性。所以在汽车修理时，一定要对气缸体的磨损进行检验，以此来判断发动机是否需要大修。

对于正常的发动机来讲，由于活塞环的自身弹性，会紧贴在气缸壁上，使得气缸的密封性非常好。但当磨损严重，则会使得活塞、活塞环与气缸套的间隙过大，影响密封性能，从而导致漏气和窜油。气缸的磨损规律如下：

1. 呈上大下小的倒锥形

如图 3-1-7 所示，气缸磨损最为严重的是位于上止点处。从上止点至下止点磨损程度逐渐减弱，并且在上止点以上和下止点以下由于活塞的行程达不到，故没有磨损而形成"台肩"，上止点处更为明显。造成此种形状的原因：上止点处由于紧靠燃烧室，温度比较高，润滑油膜不易建立；第一道活塞环受热膨胀量大，加剧磨损。

图 3-1-7　上大下小的倒锥形

图 3-1-8　气缸截面为椭圆形

2. 气缸截面为椭圆形

如图 3-1-8 所示，磨损规律为椭圆形，且长轴方向与活塞销方向垂直。当活塞在气缸中运行做功冲程时，活塞会对气缸壁造成侧压力，且向上运行时会对另一侧造成压力，长此以往，会对这两侧面长轴方向造成磨损。

3. 呈腰鼓形

如图 3-1-9 所示，在活塞上下止点的中间位置磨损最为剧烈，向两边逐渐减轻，呈现腰鼓形。造成的原因：活塞在上下止点处要换向，这样在上下止点的运动速度为零，然而在中间部位的运动速度最高。我们知道两摩擦副之间的相对速度越高，则磨损更为严重；若速度为零，则可认为没有磨损。

图 3-1-9　呈腰鼓形

➔ 任务实施

1. 任务准备

（1）设备：科鲁兹 1.6 L LDE 发动机及翻转架、零件台、工具车、维修手册。

（2）工具：世达工具、指针式扭力扳手、定扭力扳手、摇把、角度规、气枪、刀口尺、塞尺、游标卡尺、千分尺、量缸表、台虎钳。

（3）辅助材料：抹布、吸油纸。

表 3-1-1　实施步骤

作 业 内 容	图　　解	技 术 规 范
1. 拆卸气缸盖螺栓		**技术要求** 使用 E12 号套筒及指针式扭力扳手按图示顺序松开 10 个螺栓。 第一遍　松 $90°$ 第二遍　松 $180°$ 第三遍　拆下螺栓
2. 用一字起撬开气缸盖		**技术要求** 1. 用橡胶锤从四周敲击气缸盖，完成预松 2. 用一字起撬开气缸盖，取出后放置于垫块上 3. 一字起头部必须包裹胶带，以防损坏气缸盖接触面
3. 用一字形螺钉旋具撬开气缸盖垫片		**技术要求** 使用一字起时必须在头部裹胶带，以防损坏气缸接触面，取出后需更换新的气缸垫

续表

作业内容	图 解	技 术 规 范
4. 清洁缸体及接触面		**技术要求** 1. 用铲刀铲气缸盖下平面和气缸体上平面，去除表面污垢 2. 用吸油纸或抹布清洁气缸盖下平面和气缸体上平面 3. 气缸盖放入油盆中用毛刷刷洗 4. 用压缩空气清洁气缸盖和气缸体表面及螺栓孔 5. 用吸油纸清洁 4 个气缸的表面，并检查气缸表面是否异常 6. 清洁
5. 测量缸体及气缸盖平面度		**技术要求** 用吸油纸清洁刀口尺、塞尺及被侧面，使用塞尺和刀口尺测量气缸盖下平面和气缸体上平面，依次测量横向、纵向及交叉共 6 个位置，每个位置 3～5 个点。测量前需目测检查刀口尺和接触面之间的透光度。 | 名称	标准/mm
---	---
气缸平面度	≤0.004	

续表

作业内容	图　解	技　术　规　范
6. 用游标卡尺测量气缸直径		**技术要求** 1. 使用游标卡尺估读气缸的直径，每个缸测量横向和纵向两个方向，为量缸表测量杆的选择提供依据 2. 查阅维修手册，查找科鲁兹 1.6LDE 发动机标准缸径 | 名称	标准/mm
---	---
气缸直径	79	
7. 组装量缸表		**技术要求** 1. 选择合适的测量杆和调整垫片，并用扳手拧紧测量杆 2. 检查百分表表头、表盘活动情况，安装百分表，使表盘背面与测量杆垂直并预压 1～2 mm
8. 千分尺校零		**技术要求** 1. 选择 75～100 mm 量程的千分尺 2. 清洁校准杆及千分尺测量头 3. 将千分尺放于台虎钳中进行校零
9. 校准量缸表		**技术要求** 1. 千分尺调至 79 mm，将量缸表两端放置于千分尺测量头的中心位置 2. 旋转百分表表盘，使指针对准零刻度线，并观察百分表小表盘指针的变化

续表

作业内容	图　解	技术规范
10. 气缸测量		**技术要求** 　1. 测量上、中、下三个平面，每个平面横、纵向测量两个直径，上平面距缸口 10 mm，下平面距底部缸口 10 mm 　2. 测量气缸直径时，要先将导向轮放入气缸并贴着缸壁直到表头达到待测位置，切勿磨损测量头 　3. 测量时前后摆动量缸表，当从指针顺时针变为逆时针的数值时，则为该位置气缸的直径，将测量数据分别记录在工作页中。运用此方法分别测量其他各个气缸 表格见下 　4. 对测量结果判断，制定维修方案：打磨气缸、镶装或者换装缸套
11. 更换新气缸垫、安装气缸盖		**技术要求** 　1. 清洁和检查定位销，更换安装同型号新的气缸垫 　2. 安装气缸盖，用橡胶锤轻轻敲打四周，使气缸盖装配到位 　3. 清洁螺栓并检查，使用 E12 套筒装入 10 个气缸盖螺栓，由中间向两边按回字形分 5 遍拧紧

计算值	计算方法
圆度误差	同一平面内两直径之差除以 2
圆柱度误差	三个平面中最大直径与最小直径之差除以 2

第一遍	25 N·m
第二遍	90°
第三遍	90°
第四遍	90°
第五遍	45°

续表

作业内容	图　解	技 术 规 范
12. 5S 管理		**技术要求** 按照技术要求完成 5S 项目

任务目标

(1) 掌握活塞连杆组零件的拆装和检测方法。

(2) 能正确使用工具仪器完成活塞、活塞环和连杆的拆装及检测。

(3) 能够养成规范意识及精益求精的工匠精神。

→ **必备知识**

活塞连杆组由活塞、活塞环、活塞销、连杆、连杆轴承等组成，如图 3-2-1。

图 3-2-1 活塞连杆组

一、活塞

活塞的功用是承受气体压力，并通过活塞销传给连杆驱使曲轴旋转，活塞顶部还是燃烧室的组成部分。

活塞可分为活塞顶部、活塞头部和活塞裙部三部分。

活塞在高温、高压、高速、润滑不良的条件下工作，直接与高温气体接触，瞬时温度可达 2 500 K 以上，因此，受热严重，而散热条件又很差。因此要求组成活塞的材料要有足够的刚度和强度；导热性能好；耐高压、耐高温、耐磨损；质量小。活塞一般都采用高强度铝合金，在一些低速柴油机上也采用高级铸铁或耐热钢。

1. 活塞顶部

如图 3-2-2 所示，活塞顶部承受气体压力，也是燃烧室的组成部分，其形状、大小都和燃烧室的具体形式有关。按其顶部形状可分为平顶活塞、凸顶活塞、凹顶活塞三大类。

(a) 平顶活塞　　　　(b) 凸顶活塞　　　　(c) 凹顶活塞

图 3-2-2 活塞顶部分类

平顶活塞顶部是一个平面，结构简单，制造容易，受热面积小，顶部受力分布较为均匀，一般用在汽油机上，柴油机很少采用。

凸顶活塞顶部凸起呈球冠形，二冲程汽油机常采用凸顶活塞，有利于改善换气过程。

凹顶活塞顶部呈凹陷形，凹坑的形状和位置有利于可燃混合气的形成和燃烧，主要用于柴油机，有双涡流凹坑、球形凹坑、U 形凹坑等。

2. 活塞头部

活塞头部指第一道活塞环槽到活塞销孔以上部分。它有数道环槽，用以安装活塞环，起密封作用，又称为防漏部。柴油机压缩比高，一般有四道环槽，上部三道安装气环，下部一道安装油环。汽油机一般有三道环槽，其中有两道气环槽和一道油环槽。在油环槽底面上钻有许多径向小孔，使被油环从气缸壁上刮下的机油经过这些小孔流回油底壳。

活塞顶部吸收的热量主要是由防漏部的活塞环传给气缸壁，再由冷却水传出去。活塞头部除了用来安装活塞环外，还有密封和传热作用。

3. 活塞裙部

活塞裙部指从油环槽下端面起至活塞最下端的部分，它包括装活塞销的销座孔。活塞裙部对活塞在气缸内的往复运动起导向作用，并承受侧压力。裙部的长短取决于侧压力的大小和活塞直径。所谓侧压力是指在压缩行程和做功行程中，作用在活塞顶部的气体压力的水平分力，它使活塞压向气缸壁。压缩行程和做功行程气体的侧压力方向正好相反，由于燃烧压力大大高于压缩压力，所以，做功行程中的侧压力也大大高于压缩行程中的侧压力。如图 3-2-3 所示，活塞裙部承受侧压力的两个侧面称为推力面，它们处于与活塞销轴线相垂直的方向上。

（a）做功行程　　（b）压缩行程

图 3-2-3　活塞裙部侧压力

4. 活塞的结构特点

（1）横截面成椭圆形：为了使裙部两侧承受气体压力并与气缸保持小而安全的间隙，要求活塞在工作时具有正确的圆柱形。但是，由于活塞裙部的厚度很不均匀，活塞销座孔部分的金属厚，受热膨胀量大，沿活塞销座轴线方向的变形量大于其他方向。另外，裙部承受气体侧压力的作用，导致沿活塞销轴向变形量较垂直活塞销方向大。这样，如果活塞冷态时裙部为圆形，那么工作时活塞就会变成一个椭圆，使活塞与气缸之间圆周间隙不相等，造成活塞在气缸内卡住，发动机就无法正常工作。因此，在加工时预先把活塞裙部做成椭圆形状，如图 3-2-4 所示。椭圆的长轴方向与销座垂直，短轴方向沿销座方向，这样活塞工作时趋近正圆。

（a）销座热膨胀　　　　（b）挤压变形

（c）弯曲变形　　　　（d）裙部变形

图 3-2-4　活塞形状

（2）纵向成阶梯形、锥形：活塞沿高度方向的温度很不均匀，活塞的温度是上部高、下部低，膨胀量也相应是上部大、下部小。为了使工作时活塞上下直径趋于相等，即为圆柱形，就必须预先把活塞制成上小下大的阶梯形、锥形，如图 3-2-5 所示。

图 3-2-5　阶梯形活塞和锥形活塞

（3）活塞裙部开槽：为了减小活塞裙部的受热量，通常在裙部开横向的隔热槽，为了补偿裙部受热后的变形量，裙部开有纵向的膨胀槽。槽的形状有"Т"形或"П"形槽，如图 3-2-6 所示。横槽一般开在最下一道环槽的下面，裙部上边缘销座的两侧（也有开在油环槽之中的），以减小头部

（a）"П"形槽　　　（b）"Т"形槽

图 3-2-6　活塞裙部开槽

热量向裙部传递，故称为隔热槽。竖槽会使裙部具有一定的弹性，从而使活塞装配时与气缸间具有尽可能小的间隙，而在热态时又具有补偿作用，不致造成活塞在气缸中卡死，故将竖槽称为膨胀槽。裙部开竖槽后，会使其开槽的一侧刚度变小，在装配时应使其位于做功行程中承受侧压力较小的一侧。柴油机活塞受力大，裙部一般不开槽。

（4）有些活塞为了减重，在裙部开孔或把裙部不受侧压力的两边切去一部分，以减小惯性力，减小销座附近的热变形量，形成拖板式活塞或短活塞。拖板式结构裙部弹性好，质量小，活塞与气缸的配合间隙较小，适用于高速发动机，如图 3-2-7 所示。

（5）为了减小铝合金活塞裙部的热膨胀量，有些汽油机活塞在活塞裙部或销座内嵌入钢

片，如图 3-2-8 所示。恒范钢片式活塞的结构特点是，由于恒范钢为含镍 $33\%\sim36\%$ 的低碳铁镍合金，其膨胀系数仅为铝合金的 $1/10$，而销座通过恒范钢片与裙部相连，牵制了裙部的热膨胀变形量。

图 3-2-7　拖板活塞

（a）恒范钢片式活塞　（b）自动调节式活塞

图 3-2-8　双金属活塞

（6）有的汽油机上，活塞销孔中心线是偏离活塞中心线平面的，向做功行程中受主侧压力的一方偏移了 $1\sim2$ mm，如图 3-2-9 所示，这种结构可使活塞在从压缩行程到做功行程中较为柔和地从压向气缸的一面过渡到压向气缸的另一面，以减小敲缸的声音。在安装时，这种活塞销偏置的方向不能装反，否则换向敲击力会增大，使裙部受损。

（a）活塞销对中布置　　　　　（b）活塞销偏置布置

图 3-2-9　活塞销布置

二、 活塞环

活塞环(图 3-2-10)是具有弹性的开口环，有气环和油环之分。

1. 气环

气环是保证气缸与活塞间的密封性，防止漏气，并且要把活塞顶部吸收的大部分热量传给气缸壁，由冷却水带走。

气环是一个有开口的弹性圆环，在自由状态下外径大于气缸直径，它与活塞一起装入气缸后，外圆柱面紧贴在气缸壁上，形成密封面(图 3-2-11)，气环密封效果一般与气环数量有关，汽油机一般采用 2 道气环，柴油机一般多采用 3 道气环。

图 3-2-10　活塞环

图 3-2-11　气环密封面

气环的断面形状很多，最常见的有矩形环、扭曲环、锥面环、梯形环和桶面环。

(1)矩形环断面为矩形(图 3-2-12)，其结构简单，制造方便，易于生产，应用最广。但是矩形环随活塞往复运动时，会把气缸壁面上的机油不断送入气缸中，导致机油进入燃烧室，在燃烧室内形成积炭，为了减少这种现象的影响，采用矩形环和扭曲环配合使用。

图 3-2-12　矩形环

(2)扭曲环(图 3-2-13)是在矩形环的内圆上边缘或外圆下边缘切去一部分，使断面呈不对称形状，在环的内圆部分切槽或倒角的称内切环，在环的外圆部分切槽或倒角的称外切环。装入气缸后，由于断面不对称，产生不平衡力的作用，使活塞

图 3-2-13　扭曲环

环发生扭曲变形。活塞上行时，扭曲环在残余油膜上浮，可以减小摩擦，减小磨损。活塞下行时，则有刮油效果，避免机油烧掉。目前被广泛地应用于第 2 道活塞环槽上，安装时必须

注意断面形状和方向，内切口朝上，外切口朝下，不能装反。

（3）锥面环断面呈锥形（图 3-2-14），外圆工作面上加工一个很小的锥面（0.5°～1.5°），减小了环与气缸壁的接触面，提高了表面接触压力，有利于磨合和密封。活塞下行时，便于刮油；活塞上行时，由于锥面的"油楔"作用，能在油膜上"飘浮"过去，从而减小磨损。安装时，不能装反，否则会引起机油上窜。

图 3-2-14　锥面环

（4）梯形环断面呈梯形（图 3-2-15），工作时，梯形环在压缩行程和做功行程随着活塞受侧压力的方向不同而不断地改变位置，这样会把沉积在环槽中的积炭挤出去，避免了环被粘在环槽中而折断。可以延长环的使用寿命。但是主要缺点是加工困难，精度要求高。

图 3-2-15　梯形环

（5）桶面环的外圆为凸圆弧形（图 3-2-16），是近年来兴起的一种新型结构。当桶面环上下运动时。均能与气缸壁形成楔形空间，使机油容易进入摩擦面，减小磨损。由于它与气缸呈圆弧接触，故对气缸表面的适应性和对活塞偏摆的适应性均较好，有利于密封，但凸圆弧表面加工较困难。

图 3-2-16　桶面环

2. 油环

油环有普通油环和组合油环两种，如图 3-2-17 所示。

（1）普通油环又叫整体式油环。环的外圆柱面中间加工有凹槽，槽中钻有小孔或开切槽，当活塞向下运动时，将缸壁上多余的机油刮下，通过小孔或切槽流回曲轴箱；当活塞上行时，刮下的机油仍通过回油孔流回曲轴箱。

普通油环

组合油环

图 3-2-17

（2）组合油环由上下刮片与衬簧组成，这种油环的接触压力高，对气缸壁面适应性好，而且回油通路大，质量小，刮油效果明显。近年来汽车发动机上越来越多地采用了组合式油环。它的缺点主要是制造成本高。

3. 活塞销

活塞销的功用是连接活塞和连杆小头，并把活塞承受的气体压力传给连杆。

活塞销在高温下周期性地承受很大的冲击载荷，其本身又作摆转运动，而且处于润滑条件很差的情况下工作。因此，要求活塞销具有足够的强度和刚度，表面韧性好，耐磨性好，质量小。所以活塞销一般都做成空心圆柱体，采用低碳钢和低碳合金钢制成，外表面经渗碳淬火处理以提高硬度，精加工后进行磨光，有较高的尺寸精度和较低的表面粗糙度。

活塞销的内孔有三种形状：圆柱形、两段截锥与一段圆柱组合、两段截锥形，如图 3-2-18 所示。

（a）圆柱形　　　（b）两段截锥与一段圆柱结合　　　（c）两段截锥形

图 3-2-18　活塞销

圆柱形孔结构简单，加工容易，但从受力角度分析，中间部分应力最大，两端较小，所以这种结构质量较大，往复惯性力大。为了减小质量，减小往复惯性力，活塞销做成两段截锥形孔，接近等强度梁，但孔的加工较复杂；组合形孔的结构介于两者之间。

活塞销与活塞销座孔及连杆小头衬套孔的连接配合有两种方式："全浮式"安装和"半浮式"安装，如图 3-2-19 所示。

（1）"全浮式"安装：当发动机工作时，活塞销、连杆小头和活塞销座都有相对运动，这样，活塞销能在连杆衬套和活塞销座中自由摆动，使磨损均匀。为了防止全浮式活塞销轴向窜动刮伤气缸壁，在活塞销两端装有挡圈，进行轴向定位。由于活塞是铝活塞，而活塞销采用钢材料，铝比

（a）全浮式　　　　　（b）半浮式

图 3-2-19　活塞销的连接方式

钢热膨胀系数大。为了保证高温工作时活塞销与活塞销座孔为过渡配合。装配时，先把铝活塞加热到一定程度，然后再把活塞销装入，这种安装方式应用较广泛。

（2）"半浮式"安装：其特点是活塞中部与连杆小头采用紧固螺栓连接，活塞销只能在两端销座内作自由摆动，而和连杆小头没有相对运动，活塞销不会作轴向窜动，不需要锁片。小轿车上应用较多。

4. 连杆

（1）功用：将活塞的力传给曲轴，变活塞的往复运动为曲轴的旋转运动。

（2）组成：连杆组由连杆体、连杆盖、连杆螺栓和连杆轴瓦等组成（图 3-2-20）。

（3）构造：小头用来安装活塞销，以连接活塞。杆身常做成"工"字形断面。大头与曲轴的连杆轴颈相连。大头一般做成分开式，即连杆体大头和连杆盖。有的连杆的大头面对气缸主承压面的一侧，钻一喷油孔（1～1.5 mm），以润滑气缸主承压面。

切口形式有平切口和斜切口两种（图 3-2-21）。

①平切口。结合面与连杆轴线垂直。这种剖分形式刚度大，变形小，加工简单，成本低，多应用于汽油机。

②斜切口。柴油机的曲柄销直径较大，所以连杆大头的尺寸相应较大，要使拆卸时能从气缸上段取出连杆体，必须采用斜切口结合面与连杆轴线成 30°～60°夹角，而且要有一定形式的定位机构。

定位方式（图 3-2-22）。止口定位：便于两个工件定位，在一个工件上加工出凸台，另一个加工出凹坑，这个凸台和凹坑就叫止口，用于斜切口连杆定位。

图 3-2-20　连杆组

1. 小头　2. 杆身　3. 大头　4、9. 装配记号（朝前）　5. 螺母　6. 连杆盖　7. 连杆螺栓　8. 轴瓦　10. 连杆体　11. 衬套　12. 集油孔

图 3-2-21　切口形式

销套定位：依靠销或套与连杆体（或盖）的孔紧配合定位，用于斜切口连杆定位。

锯齿形定位：依靠接合面的齿形定位，用于斜切口连杆定位。

平切口连杆螺栓定位：靠连杆螺栓的光圆柱部分与螺栓孔的配合来定位，用于平切口连杆定位。

（a）止口定位

（b）销套定位

（c）锯齿形定位

（d）平切口连杆螺栓定位

图 3-2-22 定位方式

5. 连杆轴承

连杆轴承（俗称小瓦，如图 3-2-23 所示）。

（1）作用：保护连杆轴颈及连杆大头孔。

（2）组成：由钢背和减磨层组成。钢背由 1～3 mm 的低碳钢制成。减磨层为 0.3～0.7 mm 的减磨合金，层质较软能保护轴颈。

（3）减磨层材料有以下几种。

① 白合金（巴氏合金）：减磨性能好，但机械强度低，且耐热性差。常用于负荷不大的汽油机。

② 铜铅合金：机械强度高，承载能力大，耐热性好，但其减磨性能差。多用于高负荷的柴油机。

图 3-2-23 连杆轴承（小瓦）

③ 铝基合金：有铝锑镁合金、低锡铝合金和高锡铝合金三种。铝锑镁合金和低锡铝合金机械性能好，负载能力强，但其减磨性能差，主要用于柴油机；高锡铝合金具有较好的机械性能和减磨性能，广泛应用于柴油机和汽油机。

→ 任务实施

1. 任务准备

（1）设备：科鲁兹 1.6 L LDE 发动机及翻转架、零件台、工具车、维修手册。

（2）工具：世达工具、指针式扭力扳手、定扭力扳手、摇把、角度规、橡皮锤、拆活塞环专用工具、装活塞环专用工具、气枪、塞尺。

（3）辅助材料：抹布、吸油纸、记号笔、化油器清洗剂、机油壶。

2. 实施步骤（表 3-2-1）

表 3-2-1　实施步骤

作 业 内 容	图　解	技 术 规 范
1. 拆卸油底壳		**技术要求** 使用 E10 套筒及适当的工具由两边向中间拆下 15 个油底壳螺栓
2. 安装曲轴扭转减振器螺栓		**技术要求** 使用 E18 号套筒及适当的工具安装曲轴扭转减振器螺栓，拧紧即可
3. 转动曲轴使 1、4 缸活塞位于下止点		**技术要求** 沿发动机旋转的方向将活塞 1 和 4 设置到下止点
4. 标记气缸 1 和 4 连杆及连杆轴承盖		**技术要求** 注意气缸顺序，标记气缸 1 和 4 带连杆轴承盖的连杆

续表

作业内容	图　解	技　术　规　范
5. 拆下气缸 1 和 4 的 4 个连杆轴承盖螺栓		**技术要求** 使用 E10 套筒及适当的工具拆卸连杆轴承盖螺栓，按顺序摆放整齐
6. 将活塞从 1 和 4 缸中推出		**技术要求** 使用橡胶锤将活塞从气缸中推出，用手接住，防止掉落损坏活塞
7. 将曲轴转动 180°		**技术要求** 使用 E18 号套筒及适当的工具沿发动机旋转的方向在曲轴扭转减振器上将曲轴转动 180°

作业内容	图　解	技术规范
8. 标记气缸 2 和 4 连杆及连杆轴承盖		**技术要求** 　注意气缸顺序，标记气缸 1 和 4 带连杆轴承盖的连杆
9. 用同样的方法拆卸气缸 2 和 3 活塞		**技术要求** 　按顺序摆放 4 个活塞连杆及连杆轴承盖
10. 清洁并检查活塞连杆组		**技术要求** 　1. 取出 8 个轴承盖螺栓，摆放到对应的活塞处 　2. 拆卸轴承，用手从定位槽中推出，摆放到对应的活塞处 　3. 用吸油纸清洁连杆螺栓、上下轴承及连杆大头轴承接触面 　4. 目视检查轴承盖螺栓、轴承、轴承盖、连杆、活塞等，将有异常损坏件记录并更换

作业内容	图　　解	技　术　规　范
11. 拆下活塞环		技术要求 1. 用卡簧钳取出第一、二道油环 2. 用手取出第三道组合油环
12. 清洁活塞		技术要求 1. 用吸油纸清洁活塞头部 2. 用合适的工具清洁活塞头部积炭 3. 用压缩空气吹净活塞连杆
13. 清洁气缸		技术要求 使用化油器清洗剂和吸油纸清洁所测气缸内表面，确保待测气缸无污垢

作业内容	图　　解	技　术　规　范
14. 装入活塞环		**技术要求** 在气缸内张紧活塞环，用活塞将其推到气缸中，位于活塞上止点时该活塞环所处的位置
15. 测量活塞环端隙		**技术要求** 1. 用塞尺测量活塞环端隙 | 位置	允许的环间隙/mm
---	---
矩形压缩环 1	0.20～0.40
矩形压缩环 2	0.40～0.60
刮油环 3	0.25～0.75	 2. 更换不合格的活塞环
16. 测量活塞环的侧隙		**技术要求** 1. 用塞尺测量活塞环侧隙，每隔 120°测一次，共三次 | 位置	允许的垂直间隙(侧陂)/mm
---	---
矩形压缩环 1	0.04～0.08
锥形压缩环 2	0.03～0.07
刮油环 3	0.03～0.13	 2. 更换不合格的活塞环
17. 安装活塞环		**技术要求** 1. 用手装入第三道组合油环 2. 用卡簧钳装入第一、第二道气环，并使"TOP"朝上

作业内容	图　解	技　术　规　范
18. 调整活塞环并润滑		**技术要求** 设置活塞环间隙 注意：注意活塞相对于连杆的安装位置，需错开活塞销孔
19. 安装轴承		**技术要求** 1. 用手沿定位槽方向推入轴承 2. 轴承背面与轴承盖接触面不能有污垢
20. 润滑轴承及活塞销		**技术要求** 在轴承及活塞销表面涂抹润滑油，并用手涂抹均匀
21. 润滑气缸表面		**技术要求** 在 4 个气缸表面均匀涂抹润滑油，注油时油枪不能磕碰到气缸表面
22. 安装活塞		**技术要求** 1. 活塞头部的箭头，需指向前端盖方向 2. 用活塞安装工具，紧固后用橡胶棒轻轻将活塞推入气缸

设置活塞环间隙表（位于 18 项技术规范内）：

位置	名称
1	第一道活塞环
2	第二道活塞环
3	油环刮片的过渡环
4	上油环刮片的钢环
5	下油环刮片的钢环

续表

作业内容	图　解	技 术 规 范
23. 安装连杆轴承盖		技术要求 1. 在曲轴连杆轴径处涂抹润滑油 2. 使用 E12 号套筒及适当的工具依次安装 4 个连杆轴承盖 2. 使用定扭力扳手及 EN-45059 仪表安装新的连杆螺栓 第一遍 35 N·m 第二遍 45° 第三遍 15°
24. 旋转曲轴检查活塞运动状况		技术要求 使用 E18 号套筒及适当的工具沿发动机旋转的方向转动曲轴，检查活塞运动状况
25. 安装油底壳		技术要求 使用 E10 套筒及适当的工具由中间向两边安装 15 个油底壳螺栓。 油底壳螺栓 10 N·m
26. 5S 管理		技术要求 按照技术要求完成 5S 项目

曲轴飞轮组的拆装与检测

→ **必备知识**

曲轴飞轮组主要由曲轴、飞轮和一些附件组成，如图 3-3-1 所示。其作用是把活塞的往复运动转变为曲轴的旋转运动，为汽车的行驶和其他需要动力的机构输出转矩。同时还储存能量，用以克服非做功行程的阻力，使发动机运转平稳。

图 3-3-1　曲轴飞轮组

一、曲轴

曲轴是发动机最重要的机件之一。它与连杆配合将作用在活塞上的气体压力变为旋转的动力，传给底盘的传动机构。同时，驱动配气机构和其他辅助装置，如风扇、水泵、发电机等。

工作时，曲轴承受连杆的压力，惯性力及惯性力矩的作用，受力大而且受力复杂，并且承受交变负荷的冲击作用。同时，曲轴又是高速旋转件，因此，要求曲轴具有足够的刚度和强度，具有良好的承受冲击载荷的能力，耐磨损且润滑良好。

曲轴一般由主轴颈，连杆轴颈、曲柄、平衡块、前端和后端等组成，如图 3-3-2 所示。一个主轴颈、一个连杆轴颈和一个曲柄组成了一个曲拐，曲轴的曲拐数目等于气缸数(直列式发动机)；V 型发动机曲轴的曲拐数等于气缸数的一半。

图 3-3-2   曲轴的组成

主轴颈是曲轴的支承部分，通过主轴承支承在曲轴箱的主轴承座中。曲轴的支承方式一般有两种：一种是全支承曲轴，另一种是非全支承曲轴。

(1)全支承曲轴：曲轴的主轴颈数比气缸数目多一个，即每一个连杆轴颈两边都有一个主轴颈，如图 3-3-2 所示。这种支承，曲轴的强度和刚度都比较好，并且减轻了主轴承载荷，减小了磨损。

(2)非全支承曲轴：曲轴的主轴颈数比气缸数目少或与气缸数目相等，如图 3-3-3 所示。这种支承方式叫非全支承曲轴，这种支承的主轴承载荷较大，缩短了曲轴的总长度，使发动机的总体长度有所减小。

(a) 全支承曲轴

(b) 非全支承曲轴

图 3-3-3   曲轴的支承方式

曲轴的连杆轴颈是曲轴与连杆的连接部分，通过曲柄与主轴颈相连，在连接处用圆弧过渡，以减少应力集中。直列发动机的连杆轴颈数目和气缸数相等。V 型发动机的连杆轴颈数等于气缸数的一半。

曲柄是主轴颈和连杆轴颈的连接部分，断面为椭圆形，为了平衡惯性力，使曲轴旋转平稳，曲柄处铸有(或紧固有)平衡重块。

曲轴前端装有正时齿轮，驱动风扇和水泵的带轮以及起动爪等。为了防止机油沿曲轴轴颈外漏，在曲轴前端装有一个甩油盘，在齿轮室盖上装有油封。曲轴的后端用来安装飞轮，在后轴颈与飞轮凸缘之间制成挡油凸缘与回油螺纹，以阻止机油向后窜漏。

　　曲轴的形状和各曲拐的相对位置（即所谓曲拐的布置），取决于气缸数、气缸排列方式（单列或V型等）和发火次序（即各缸的做功行程交替次序）。在安排多缸发动机的发火次序时，应注意使连续做功的两缸相距尽可能远，以减轻主轴承的载荷，同时避免可能发生的进气重叠现象（即相邻两缸进气门同时开启）以免影响充气；做功间隔应力求均匀，即在发动机完成一个工作循环的曲轴转角内，每个气缸都应做功一次，而且各缸发火的间隔时间（以曲轴转角表示，称为发火间隔角）应力求均匀。对缸数为i的四冲程发动机而言，发火间隔角为$720°/i$，即曲轴每转$720°/i$时，就应有一缸做功，以保证发动机运转平稳。

　　几种常用的多缸发动机曲拐布置和发火次序见表3-3-1和图3-3-4。

表 3-3-1　多缸发动机曲拐布置和发火次序

	发火间隔角	曲拐布置	发火次序
直列四缸	$720°/4=180°$	四个曲拐布置在同一平面内	$1-2-4-3$、$1-3-4-2$
直列六缸	$720°/6=120°$	六个曲拐分别布置在三个平面内，各平面夹角为$120°$	$1-5-3-6-2-4$（普遍采用） $1-4-2-6-3-5$
V型八缸	$720°/8=90°$	四个曲拐布置在同一平面内，也可以布置在两个互相错开$90°$的平面内	$1-8-4-3-6-5-7-2$ （红旗8V100型发动机）

(a)四缸发动机曲拐布置

(b)六缸发动机曲拐布置

(c)八缸发动机曲拐布置

图 3-3-4　常见的曲拐布置形式

二、飞轮

如图 3-3-5 所示，飞轮的主要功用是用来贮存做功行程
的能量，用于克服进气、压缩和排气行程的阻力和其他阻
力，使曲轴能均匀地旋转。飞轮外缘压有的齿圈与起动电机
的驱动齿轮啮合，供起动发动机用。汽车离合器也装在飞轮
上，用来对外传递动力。

飞轮是高速旋转件，因此，要进行精确地平衡校准，平
衡性能要好，达到静平衡和动平衡。飞轮是一个很重的铸铁

图 3-3-5　飞轮

圆盘，用螺栓固定在曲轴后端的接盘上，具有很大的转动惯量。飞轮轮缘上镶有齿圈，齿圈
与飞轮紧配合，有一定的过盈量。

在飞轮轮缘上作有记号（刻线或销孔）供找压缩上止点用（四缸发动机为 1 缸或 4 缸压缩上
止点；六缸发动机为 1 缸或 6 缸压缩上止点）。当飞轮上的记号与外壳上的记号对正时，正好
是压缩上止点。

飞轮与曲轴在制造时一起进行过动平衡实验，在拆装时为了不破坏它们之间的平衡关系，
飞轮与曲轴之间应有严格不变的相对位置。通常用定位销和不对称布置的螺栓来定位。

➔ 知识拓展

平衡轴其实就是一个装有偏心重块并随曲轴同步旋转的轴，利用偏心重块所产生的反向
振动力，使发动机获得良好的平衡效果，降低发动机振动。

平衡轴可分为单平衡轴和双平衡轴两种。单平衡轴采
用单一平衡轴，利用齿轮传动方式进行工作，通过曲轴旋
转带动固连的平衡轴驱动齿轮、平衡轴从动齿轮以及平衡
轴。单平衡轴结构简单，占用空间小，因而在单缸和小排
量发动机中应用较为广泛。双平衡轴采用的是链传动方式
带动两根平衡轴转动，其中一根平衡轴与发动机的转速相
同，另一根平衡轴的转速是发动机转速的 2 倍，从而达到
更加理想的减振效果。由于双平衡轴的结构较为复杂、成
本高、占用发动机的空间又相对较大，因此一般在大排量

图 3-3-6　平衡轴

汽车上较为常用。另外，还有一种双平衡轴布置方式，就是两个平衡轴与气缸中心线成角度
对称布置，旋转方向相反，转速与曲轴转速相同，用以平衡发动机的往复惯性力。

→ **任务实施** ——

1. 任务准备

（1）设备：科鲁兹1.6 L LDE发动机及翻转架、零件台、工具车、维修手册。

（2）工具：世达工具、指针式扭力扳手、定扭力扳手、摇把、角度规、橡胶锤、千分尺、磁性表座、百分表、塑料间隙规、气枪。

（3）辅助材料：抹布、吸油纸、记号笔、化油器清洗剂、机油壶。

2. 实施步骤（表3-3-2） ————————————————————

表3-3-2　实施步骤

作业内容	图　　解	技 术 规 范
1. 拆卸发动机前盖		**技术要求** 　使用 E12 套筒及适当的工具拆卸发动机前盖螺栓，分两次由四周向中间卸力后拆下 8 个螺栓
2. 取下发动机前盖密封垫		**技术要求** 1. 使用橡胶锤四周轻轻敲下发动机前盖 2. 取下前盖密封垫

作业内容	图　解	技 术 规 范
3. 拆卸飞轮	（1）固定工具 （2）飞轮	**技术要求** 1. 安装飞轮固定工具 2. 使用合适的工具对角线松开 6 个飞轮螺栓，拆下固定工具 3. 拆下飞轮，同时在飞轮和曲轴上做好标记
4. 拆卸曲轴位置传感器、变磁阻环、后油封壳体	（1）曲轴后油封壳体 （2）曲轴位置传感器螺栓 （3）曲轴位置传感器	**技术要求** 1. 使用合适的工具拆卸曲轴位置传感器螺栓，拔出传感器 2. 取出曲轴位置传感器变磁阻环及曲轴后油封壳体。
5. 旋转曲轴并目视检查曲轴轴承盖		**技术要求** 1. 按发动机旋转方向旋转曲轴一圈，要求无卡滞、无噪声 2. 目视检查曲轴轴承盖外观并识别曲轴轴承盖

作业内容	图　解	技　术　规　范
6. 拆卸曲轴轴承盖		**技术要求** 1. 旋转曲轴，使主轴颈和连杆轴径平行于气缸下底面 2. 使用 E12 号套筒及合适的工具，由两侧向中间，预松曲轴轴承盖螺栓，第一遍 90°，第二遍 180°，第三遍拆下
7. 取出曲轴承盖及曲轴		**技术要求** 1. 取出曲轴，放置于飞轮中 2. 取出 5 个曲轴轴承盖，按顺序放于吸油纸上
8. 取出曲轴上下轴承及轴承盖螺栓		**技术要求** 1. 取出 10 个轴承盖螺栓，摆放到对应的轴承盖处 2. 拆卸轴承，用手从定位槽中推出，摆放到对应的轴承盖处
9. 清洁曲轴飞轮组各零部件		**技术要求** 1. 用吸油纸清洁曲轴轴颈、上下轴承、轴承盖和气缸体 2. 用压缩空气清洁曲轴飞轮组各零部件及油道 3. 目视检查轴承盖螺栓、轴承、轴承盖、曲轴、气缸体等，将有异常损坏件记录并指定维修方案(更换、维修、磨削)

续表

作业内容	图　解	技　术　规　范
10. 曲轴轴颈测量		**技术要求** 1. 千分尺校零 2. 在被测表面上选取两个截面，横向纵向测得四个值，标准直径为 54.980～54.997 mm 表格见下 3. 对测量结果判断，制定维修方案(更换、维修、磨削)
11. 曲轴轴向间隙检查	 	**技术要求** 1. 安装气缸体上的曲轴和轴承 2. 组装百分表测量套件，并检查 3. 安装磁性表座，使百分表表头与曲轴前端充分接触 4. 用一字形螺钉旋具前后撬动曲轴测量轴向间隙，撬动时注意保护接触面 表格见下

10. 曲轴轴颈测量 技术要求表格：

计算值	计算方法
圆度误差	同一平面内两直径之差除以 2（≤0.016）
圆柱度误差	三个平面中最大直径与最小直径之差除以 2（≤0.03）

11. 曲轴轴向间隙检查 技术要求表格：

名称	标准/mm
轴向间隙	0.100～0.202

续表

作业内容	图　解	技术规范
12. 曲轴不圆度检查		**技术要求** 1. 将曲轴放入发动机气缸体中，并在轴颈和轴承盖上涂抹润滑油 2. 安装测量表到发动机气缸体上的托架上 3. 将百分表盘紧靠曲轴轴颈最高点 4. 平稳地转动曲轴，检查间隙的变化量 名称：旋转间隙　标准/mm：≤0.03
13. 检查曲轴轴承间隙		**技术要求** 1. 将塑料线间隙规放于曲轴轴颈最高点 2. 安装 5 个曲轴轴承盖，分三遍拧紧 2 个曲轴轴承盖螺栓 第一遍：50 N·m 第二遍：45° 第三遍：15°
14. 拆卸轴承盖读取数值		**技术要求** 1. 拆下曲轴轴承盖螺栓 2. 将变平的塑料线（箭头）的宽度与量尺对比 名称：轴承间隙　标准/mm：0.005 0～0.059 3. 对测量结果判断，制定维修方案（更换、维修、磨削） 4. 清洁曲轴轴颈表面污垢，并按规定扭矩和角度上紧

作业内容	图　解	技 术 规 范
15. 安装前端盖		**技术要求** 1. 更换新的同型号密封垫和曲轴前油封 2. 由中间向两边安装前端盖螺栓 表格： 名称 / 标准 前端盖螺栓 / 20 N·m
16. 安装传感器、变磁阻环、后油封壳体		**技术要求** 1 按顺序安装传感器、变磁阻环、后油封壳体 2. 传感器螺栓扭矩为 4.5 N·m。
17. 安装飞轮		**技术要求** 对齐飞轮与曲轴的标记，对角线安装 6 个飞轮螺栓 表格： 第一遍 / 35 N·m 第二遍 / 30° 最后一遍 / 15°

续表

作业内容	图　　解	技　术　规　范
18. 5S 管理		**技术要求** 按照技术要求完成 5S 项目

→ 工匠精神

　　3. 精益。精益就是精益求精，是从业者对每件产品、每道工序都凝神聚力、精益求精、追求极致的职业品质。所谓精益求精，是指已经做得很好了，还要求做得更好，"即使做一颗螺丝钉也要做到最好"。正如老子所说，"天下大事，必作于细"。能基业长青的企业，无不是精益求精才获得成功的。

项目 PROJECT 4 燃油供给系统的拆装与检测

　　汽油机所用的燃料主要是汽油，在进入气缸之前，汽油和空气已形成可燃混合气。可燃混合气进入气缸内被压缩，在接近压缩终了时，点火燃烧而膨胀做功。可见，汽油机进入气缸的是可燃混合气，压缩的也是可燃混合气，燃烧做功后将废气排出。因此，燃油供给系统的任务是根据发动机不同工况的要求，配制出一定数量和浓度的可燃混合气，供入气缸，最后还要把燃烧后的废气排出气缸。同时，燃油系统还需要储存相当数量的汽油，以保证汽车有相当远的续驶里程。

　　通过本项目的学习，要在知识、技能、行为习惯、职业素养等方面达到学思用贯通、知信行统一，能够培养精益求精的工匠精神，绿色环保的责任意识以及吃苦耐劳的卓越品质，并将尊重创造、敬业奉献、服务人民融入学习和生活中。

序号	学习内容(知识、技能、行为习惯、职业素养等)	评价标准			
		了解	掌握	指导下操作	独立操作
1	汽油机可燃混合气的形成	✓			
2	空气供给装置的组成及作用		✓		
3	燃油供给装置的组成及功用		✓		
4	排气装置的组成及作用		✓		
5	燃油压力的测试				✓
6	分析燃油压力的测检结果				✓

Ｍ任务 1 燃料供给系统的认知
ＩＳＳＩＯＮ

任　　务　　目　　标

(1)了解汽油机可燃混合气的形成。

(2)掌握空气供给装置的组成及作用。

(3)掌握燃油供给装置的组成及功用。

(4)掌握排气装置的组成及作用。

(5)能够学思用贯通，提高环保意识和服务意识。

→ 必备知识

一、 汽油机可燃混合气形成过程

汽车发动机的可燃混合气形成时间很短，从进气过程开始算起到压缩过程结束为止。总共也只有 0.01～0.02 s。要在这样短的时间内形成均匀的可燃混合气，关键在于汽油的雾化和蒸发。所谓雾化就是将汽油分散成细小的油滴或油雾。良好的雾化可以大大地增加汽油的蒸发表面积，从而提高汽油的蒸发速度。另外，混合气中汽油与空气的比例应符合发动机的运转工况需要。因此，混合气的形成过程就是汽油雾化、蒸发以及与空气配比和混合的过程。进入发动机各个气缸的可燃混合气的数量和浓度对发动机的综合性能十分重要。可燃混合气是指空气与燃料的混合物，其成分对发动机的动力性、经济性与排放性等都有很大的影响。

对于混合气成分，一般用空燃比来表示。理论上，1 kg 汽油完全燃烧需要空气 14.7 kg。因此，对于汽油机而言，空燃比为 14.7 的可燃混合气可称为理论混合气。若可燃混合气的空燃比小于 14.7，则意味着其中汽油含量有余，空气含量不足，可称之为浓混合气。同理，空燃比大于 14.7 的可燃混合气则可称为稀混合气。对于不同的燃料，其理论空燃比数值是不同的。

在我国，可燃混合气成分指标是过量空气系数，常用符号 ϕ_a 表示，

$$\phi_a = \frac{燃烧 1 \text{ kg} 燃料所实际供给的空气质量}{完全燃烧 1 \text{ kg} 燃料所需的理论空气质量}$$

由上面的定义表达式可知：无论使用何种燃料，凡过量空气系数 $\phi_a=1$ 的可燃混合气即为理论混合气，$\phi_a<1$ 的为浓混合气；$\phi_a>1$ 的则为稀混合气。

二、燃料供给系统的组成

燃料供给系统由空气供给装置、汽油供给装置和排气装置组成(图 4-1-1)。

1. 空气供给装置

空气经过空气滤清器，滤去空气中的尘埃等杂质后，沿着进气软管通过节气门流入进气总管，再分别供给，由进气歧管分配到各个气缸中。

(1)空气滤清器。

图 4-1-1　燃料供给系统

空气滤清器(图 4-1-2)起到滤除空气中灰尘、砂粒等杂质的作用，保证气缸中进入足量、清洁的空气。常用的为纸质滤芯。需定期更换，在安装时，要注意方向。

(2)进气软管。

进气软管安装在空气滤清器和节气门体之间，用以减振，并保证气密性和随动性，通常采用橡胶制成的波纹管，如图 4-1-3 所示。

图 4-1-2　空气滤清器

图 4-1-3　进气软管

(3)节气门体。

节气门体是发动机进气系统上的一个装置，是控制发动机进气量的一个阀门。节气门体一般分三部分：执行器、节气门片和节气门位置传感器，它们一般被封装为一体，如图 4-1-4 所示。通常阀体都是铝质，也有少量的车型采用塑料制品。

(4)进气歧管。

进气歧管指的是节气门体之后到气缸盖进气道之前的进气管路，如图 4-1-5 所示。它的功用是将空气、燃油混合

图 4-1-4　节气门体

气或洁净空气尽可能均匀地分配到各个气缸。
因此进气歧管内气体流道的长度应尽可能相
等。目前常见的进气歧管材质有合金材料或复
合材料，其质轻内部光滑，能有效减少阻力，
增加进气的效率。

图 4-1-5　进气歧管

2. 燃油供给装置

　　燃油供给装置由油箱、燃油泵、燃油滤清器、油轨、压力调节器、喷油器和油管组成，
如图 4-1-6 所示。供给喷油器一定压力的燃油，喷油器根据电脑指令喷油，实现燃油的雾化。

图 4-1-6　燃油供给装置

工作过程如图 4-1-7 所示。

图 4-1-7　工作过程

（1）电动燃油泵。

　　电动燃油泵将汽油增压，并源源不断地泵入供油管道。供应超额油量至分油盘以维持喷
射系统的工作压力，一般装在油箱附近。常见汽油泵有以下三种。

　　①滚柱式电动汽油泵：由壳体、圆柱形滚柱和转子等组成。五个滚柱在转子的槽内可径
向滑动，转子与壳体存在一定的偏心。转子在直流电动机的驱动下旋转，在离心力的作用下，
滚柱紧压在泵体的内圆表面上，形成五个相对独立的密封腔。旋转时，每个密封腔的容积不

断发生变化，在进油口时，容积增大，形成一定的真空，将经过过滤的汽油吸入泵内。在出油口处，容积变小，压力升高，汽油穿过直流电动机推开单向阀输出。当输油管路发生堵塞或汽油滤清器堵塞时，汽油压力超过规定值，限压阀打开，汽油流回进油侧，如图 4-1-8 所示。

图 4-1-8　滚柱式电动汽油泵

②叶片式汽油泵：叶片泵是转子槽内的叶片与泵壳(定子环)相接触，将吸入的液体由进油侧压向排油侧的泵，如图 4-1-9 所示。

③齿轮式汽油泵：齿轮泵是由两个齿轮、泵体与前后盖组成两个封闭空间，当齿轮转动时，齿轮脱开侧的空间的体积从小变大，形成真空，将液体吸入，齿轮啮合侧的空间的体积从大变小，而将液体挤入管路中去。吸油腔与压油腔是靠两个齿轮的啮合线来隔开的，如图 4-1-10 所示。

图 4-1-9　叶片式汽油泵　　　　　　　图 4-1-10　齿轮式汽油泵

(2)燃油滤清器。

滤除燃油中的杂质和水分，防止燃油系统堵塞，减小机件磨损，保证发动机正常工作。一般采用纸质滤芯，燃油滤芯用优质的滤材制造，一般外显式燃油滤清器每行驶 20 000～40 000 km 或 1～2 年应更换，安装时应注意燃油流动方向的箭头，不能装反，如图 4-1-11 所示。内置的燃油滤清器一般可以用 100 000 km 左右。

(3)燃油压力调节器。

燃油压力调节器用于保持汽油压力和进气真空度之间的压力差为恒定值。常见的安装在油轨的末端，保持真空吸力燃油压力弹簧力三力之间的动态平衡，如图 4-1-12 所示。

图 4-1-11　燃油滤清器

图 4-1-12　燃油压力调节器

3. **排气装置**

排气装置由排气管、三元催化转换装置、消声器等组成，如图 4-1-13 所示。

排气管安装于发动机排气歧管和消声器之间，使整个排气系统呈挠性联接，从而起到减振降噪、方便安装和延长排气消声系统寿命的作用。

三元催化转换装置是安装在汽车排气系统中最重要的机外净化装置，它可将汽车尾气排出的 CO、HC 和 NOx 等有害气体通过氧化和还原作用转变为无害的二氧化碳、水和氮气。

图 4-1-13　排气装置

消声器主要用于降低发动机的排气噪声，并使高温废气能安全有效地排出。消声器作为排气管道的一部分，应保证其排气畅通、阻力小及足够的强度。消声器要经受 500 ℃～700 ℃ 高温排气，保证在汽车规定的行驶里程内，不损坏、不失去消声效果。

→ **知识拓展**

一、可变进气系统

可变进气系统通过改变进气管的长度和截面积，提高燃烧效率，使发动机在低转速时更平稳、转矩更充足，高转速时更顺畅、功率更强大，如图 4-1-14 所示。发动机在低转速时，用又长又细的进气歧管，可以增加进气的气流速度和气压强度，并使得汽油得以更好地雾化，燃烧得更好，提高转矩。发

低转速时，黑色控制阀关闭，进气歧管变长，增加进气的速度和气压，让汽油混合地更充分

高转速时，黑色阀门打开，进气歧管变短，气流绕开下部导管直接注入气缸，利于增大进气量

图 4-1-14　可变进气系统

动机在高转速时需要大量混合气，这时进气歧管就会变得又粗又短，这样才能吸入更多的混合气，提高输出功率。

二、进气增压

进气增压主要是为了提高进入发动机空气的密度，增加发动机的进气量，以达到增加发动机的功率和扭矩的目的。

目前增压类型有机械增压、气波增压、废气涡轮增压、复合增压四种，如图 4-1-15 至图 4-1-18 所示。

图 4-1-15　机械增压

图 4-1-16　废气涡轮增压

图 4-1-17　气波增压

图 4-1-18　复合增压

→ **任务实施**

1. 任务准备

(1)设备：科鲁兹车。

(2)工具：手电筒，车轮挡块，座椅三件套，翼子板护垫及前格栅布1套。

(3)辅助材料：抹布若干。

2. 实施步骤（表4-1-1）

表 4-1-1　实施步骤

作业内容	图　解	技　术　规　范
1. 前期准备		**技术要求** 1. 安装车轮挡块 2. 安装外三件套
2. 找出空气滤清器		**技术要求** 　空气滤清器一般位于发动机舱内，一边与进气口管子相连，一边与发动机相连接，空气滤清器滤芯就安装在里面
3. 找出进气软管		**技术要求** 　进气软管安装在空气滤清器和节气门体之间，通常采用橡胶制成的波纹管，用以减振，并保证气密性和随动性。连接在进气管上的进气温度传感器用来测量进入发动机的空气温度

续表

作业内容	图　解	技　术　规　范
4. 找出节气门体		**技术要求** 　　节气门体位于发动机左前侧顶部，用铝合金制成，一般分三部分：执行器、节气门片和节气门位置传感器
5. 找出进气歧管		**技术要求** 　　进气歧管是通过节气门体通向气缸燃烧室的气流通道，由塑料制成，质量轻、硬度好、成本低、充气效率高、噪声低、排放性好
6. 找出油箱		**技术要求** 　　1. 燃油箱位于车辆的后侧，用丿储存燃油。燃油箱采用高密度聚乙烯材料模铸而成，用 2 根连接到车底的金属箍带固定，其中装有燃油泵模块； 　　2. 燃油泵模块包括油位传感器、燃油泵、燃油滤网、油压调节器、燃油滤清器

113

作业内容	图　　解	技　术　规　范
7. 找出燃油滤清器		**技术要求** 　　燃油滤清器滤除燃油中的杂质和水分，防止燃油系统堵塞，减小机件磨损，保证发动机正常工作。一般采用纸质滤芯。一般外置式燃油滤清器，每行驶 20 000～40 000 km 或 1～2 年应更换，安装时应注意燃油流动方向的箭头，不能装反。内置的燃油滤清器一般可以使用 10 万公里左右
8. 找出蒸发排放炭罐		**技术要求** 　　蒸发排放（EVAP）炭罐是带有 3 个口的密封单元。炭罐中装有炭粒，用来吸附和存储燃油蒸气。燃油蒸气储存在炭罐中，直到控制模块决定燃油蒸气可在正常燃烧过程中消耗掉
9. 找出燃油管		**技术要求** 　　供油管将燃油从燃油箱传送至燃油喷射系统。燃油管包括 3 个部分： 　　1. 后供油软管，从燃油箱顶部延伸至底盘燃油管 　　2. 供油中间管安装在车辆下部并将后燃油泵供油软管连接至前燃油泵供油软管 　　3. 前供油软管，将供油中间管连接至燃油导轨

续表

作业内容	图　解	技　术　规　范
10. 找出燃油脉动衰减器		**技术要求** 　　燃油脉动衰减器是前供油软管的一部分。燃油脉动衰减器采用膜片式，一侧承受燃油泵压力，另一侧承受弹簧压力。阻尼器的功能是缓冲燃油泵压力的脉动
11. 找出燃油油轨		**技术要求** 　　燃油导轨总成连接至气缸盖。燃油导轨总成将喷射器定位在气缸盖的进气口向喷射器均匀分配燃油
12. 找出喷油器		**技术要求** 　　喷油器总成是一个由发动机控制模块控制的电磁阀装置，该总成计量输送至发动机各气缸的压力燃油
13. 找出排气歧管		**技术要求** 　　排气歧管位于气缸盖上并将废气从燃烧室导出。其旨在承受高压和高温。排气歧管包括催化转化器

续表

作业内容	图　解	技术规范
14. 找出三元催化转化器		**技术要求** 催化转化器装在发动机排气系统上，用以减少废气中的碳氢化合物、一氧化碳和氮氧化合物。催化转化器具有 3 种稀有金属夹层：铂、钯和铑。转化器里的催化剂不可维修
15. 找出挠性排气管		**技术要求** 挠性排气管，用来吸收排气系统的振动，防止过分的热变形，从而提供舒适的乘车感
16. 找出消声器		**技术要求** 消声器安装在排气管的末端，用以减少宽音域发动机排气噪声。它包含一系列多孔管和音板以衰减声波并将其反射。它由不锈钢制成，以防止前消声器腐蚀
17. 5S 工作		**技术要求** 按照技术要求完成 5S 项目

MISSION 任务 2   燃油压力测试

任 务 目 标

(1)知道燃油供给装置的工作过程。

(2)掌握燃油压力表的使用方法。

(3)能独立完成燃油压力的测试。

(4)会分析测试的结果。

(5)能够养成规范意识及精益求精的工匠精神。

→ **必备知识**

一、 燃油供给系统结构形式

燃油供给系统是电控燃油喷射系统的一部分。燃油供给系统结构形式包括回油式、机械无回油式和电子无回油式三种形式。

1. 回油式

(1)结构：回油式燃油供给系统其结构由燃油箱、燃油泵、燃油滤清器、燃油导轨、燃油压力调节器和喷油器组成，如图 4-2-1 所示。

(2)燃油输送线路：燃油箱→燃油泵→燃油滤清器→燃油导轨→喷油器。为了调节使得燃油压力与进气管压力差保持恒定，多余的燃油会从燃油轨道端头处的燃油压力调节器泄压回流至燃油箱。

(3)特点：回油式燃油供给系统的优点是喷油压力波动小；缺点是回流燃油导致燃油箱内油温升高，加速燃油箱内燃油的蒸发速度，燃油汽化而使喷油量减少，发动机的热动性能较差。

2. 机械无回油式

机械无回油式根据燃油滤清器和燃油压力调节器的位置不同有三种，分别是压力调节器和燃油滤

图 4-2-1   回油式燃油供给系统结构图

清器分别安装在油箱内外，如图 4-2-2 所示；燃油滤清器和压力调节器集成安装在油箱内，如图 4-2-3 所示；燃油滤清器和压力调节器集成安装在油箱外，如图 4-2-4 所示。

图 4-2-2　压力调节器和燃油滤清器分别安装在油箱内外的结构示意图

图 4-2-3　燃油滤清器和压力调节器集成安装在油箱内的结构示意图

图 4-2-4　燃油滤清器和压力调节器集成安装在油箱外的结构示意图

（1）结构：机械无回油式燃油供给系统由燃油箱、燃油泵、燃油压力调节器、燃油滤清器、燃油导轨和喷油器组成。

（2）燃油输送线路：燃油箱→燃油泵→燃油滤清器→燃油导轨→喷油器。如果油箱内系统燃油压力过高，燃油会从压力调节器泄压回流至燃油箱。

（3）特点：机械无回油式燃油供给系统采用恒压式燃油压力调节器，优点是过剩的油直接从燃油滤清器回油管或燃油箱内部返回燃油箱，避免了回油式燃供给系统的缺点，同时也简化了燃油管道，降低了燃油管路泄漏的可能性。

3. 电子无回油式

(1)结构：电子无回油式燃油供给系统不需要燃油压力调节器，只在燃油导轨上安装一个燃油压力传感器，如图 4-2-5 所示。

(2)燃油输送线路：燃油箱→燃油泵→燃油滤清器→燃油导轨→喷油器。燃油导轨上的燃油压力传感器向 ECM 传送燃油压力信息，ECM 根据此信息直接控制燃油泵转速来实现控制燃油系统压力。

(3)特点：ECM 以占空比的方式向燃

图 4-2-5　电子无回油式燃油供给系统

油泵控制模块发送指令，燃油泵控制模块根据此指令调节燃油泵的转速，从而调节燃油系统中的压力，其特点是可以适时地根据进气歧管压力、发动机的需求和燃油温度对燃油压力进行连续可变的调整，实现按需供油。

二、 燃油压力的测试

1. 检测燃油系统压力的作用

检测燃油系统压力能判断电动燃油泵、油压调节器是否有故障，汽油滤清器是否堵塞等。

2. 燃油压力检测结果分析

燃油压力过低会造成发动机动力不足，车辆提速困难。可能的原因是：

(1)燃油泵磨损；

(2)燃油压力调节器故障；

(3)燃油管堵塞；

(4)燃油滤清器堵塞。

燃油压力过高会造成喷油量增加，油耗增加，排放偏高。可能的原因是：

(1)燃油压力调节器卡死；

(2)燃油压力调节器与连接的真空管有漏气或堵塞；

(3)回油管堵塞。

→ **知识拓展**

　　缸内直喷将燃油由喷嘴直接喷入缸内，可以进一步提高汽油机热效率降低排放。缸内直喷核心部件由高压油轨、高压油泵和喷油嘴等组成，如图 4-2-6 所示。

凸轮轴

凸轮

凸轮轴链轮

喷油器　　燃油喷射管道

高压油泵

图 4-2-6　燃油缸内直喷系统构造图

→ **任务实施**

1. **任务准备**

（1）设备：科鲁兹车。

（2）工具：车轮挡块，燃油压力表 1 套，干净的可装残余汽油的容器。

（3）辅助材料：座椅三件套，翼子板护垫及前格栅布 1 套，抹布若干。

2. 实施步骤（表 4-2-1）

表 4-2-1　实施步骤

作业内容	图　解	技 术 规 范
1. 准备工作		**技术要求** 1. 安装车轮挡块 2. 安装室内外三件套 3. 检查蓄电池电压与机油量 4. 安装尾排

续表

作业内容	图　解	技　术　规　范
2. 拔掉燃油泵熔丝 F20UA		**特别提醒** 熔丝位于 X50A 熔丝盒-发动机罩下 **安全警告** 小心不要将保险丝拔断
3. 起动发动机卸压		**特别提醒** 　顺时针旋转点火钥匙起动，如果发动机没有起动成功，应将点火钥匙退回到初始位置后再起动，每次起动时间不能超过 5 s，每次起动间隔 15 s
4. 拆卸燃油压力测试保护盖		**技术要求** 　在燃油分配管测试接头上拆下燃油压力测试保护盖 **安全警告** 　汽油或汽油蒸气非常容易燃烧，存在火源可能会导致火灾。为防止火灾或者爆炸危险，切勿使用敞口容器排除或存放汽油或柴油，请在附近准备一个干粉化学(B级)灭火器

作业内容	图　　解	技 术 规 范
5. 连接燃油压力表		**技术要求** 1. 注意燃油压力测试接头处务必可靠拧紧 2. 将燃油压力表借助挂钩悬挂在发动机盖上 **特别提醒** 1. 拧紧的时候管路中会有少许燃油溢出，所以拧紧的同时在接头处务必垫盖一块干净的抹布，以便吸附泄露的燃油 2. 将抹布扔至不可回收垃圾桶 燃油压力测试仪
6. 燃油压力检查	 卸压阀	**技术要求** 1. 安装燃油泵熔丝 2. 起动发动机 3. 按下卸压阀，怠速时放出压力测试仪中的空气 4. 将流出的燃油收集到合适的容器中 **特别提醒** 如果有条件，燃油尽量收集到一个相对比较密闭的容器里

续表

作业内容	图　解	技 术 规 范
7. 读取燃油压力数值		**技术要求** 怠速状态时燃油压力应为 380 kPa **安全警告** 如果发现接头处漏油，应立即停机复紧接头
8. 系统密封性检查		**技术要求** 关闭点火开关 10 min 后，燃油压力会稍降至约 0.2 MPa
9. 拔燃油泵熔丝 F20UA		**特别提醒** 熔丝位于 X50A 熔丝盒-发动机罩下 **安全警告** 小心不要将保险丝拔断
10. 起动发动机卸压		**特别提醒** 顺时针旋转点火钥匙起动，如果发动机没有起动成功，应将点火钥匙退回到初始位置后再起动，每次起动时间不能超过 5 s，每次起动间隔 15 s

续表

作业内容	图　解	技　术　规　范
11. 拆卸燃油压力表		**特别提醒** 拆卸油管时可能会有少量的燃油漏出，请用抹布垫于油管下端吸附燃油
12. 卸掉燃油压力表中的残余燃油		**技术要求** 按下卸压阀，放掉燃油表中的残余燃油
13. 装复燃油压力测试接头处的保护盖并起动检查		**技术要求** 1. 装复燃油压力测试保护盖 2. 起动发动机检查是否漏油 **安全警告** 如果发现接头处漏油，应立即停机复紧接头
14. 5S 管理		**技术要求** 按照技术要求完成 5S 项目

→ ⊙ **工匠精神** ────────────────────────────────●

　　4. 创新。"工匠精神"还包括追求突破、追求革新的创新内蕴。古往今来，热衷于创新和发明的工匠们一直是世界科技进步的重要推动力量。新中国成立初期，我国涌现出一大批优秀的工匠，如倪志福、郝建秀等，他们为社会主义建设事业做出了突出贡献。改革开放以来，"汉字激光照排系统之父"王选，"中国第一、全球第二的充电电池制造商"王传福，从事高铁研制生产的铁路工人和从事特高压、智能电网研究运行的电力工人等都是"工匠精神"的优秀传承者，他们让中国创新重新影响了世界。

点火系统的拆装与检测

项　目　概　述

　　在汽油发动机中，气缸内的可燃混合气是靠高压线电火花点燃的。而产生电火花的功能是由点火系来完成的。它的作用就是将汽车电源供给的低电压转变为高电压，并按照发动机的做功顺序与点火时刻的要求，适时准确地将高压电送至各缸的火花塞，使火花塞跳火，点燃气缸内的混合气。

　　通过本项目的学习，要在知识、技能、行为习惯、职业素养等方面达到学思用贯通、知信行统一，能够培养精益求精的工匠精神，绿色环保的责任意识以及吃苦耐劳的卓越品质，并将尊重创造、敬业奉献、服务人民融入学习和生活中。

序号	学习内容（知识、技能、行为习惯、职业素养等）	评价标准			
		了解知道	理解掌握	指导下操作	独立操作
1	安全、规范的工作				✓
2	工作、学习环境整洁有序				✓
3	点火系的组成、作用及原理		✓		
4	点火系常见故障的诊断		✓		
5	火花塞的更换				✓
6	做好 5S 工作				✓

MISSION 任务 1　点火系统的认知

> 任 务 目 标
>
> (1) 掌握点火系的组成、作用及工作原理。
>
> (2) 了解点火系的发展过程。
>
> (3) 尊重创造，提高创新意识和服务意识。

→ 必备知识

一、发动机对点火系的要求

在发动机不同工况和使用条件下，点火系应保证可靠而准确地点燃混合气。为此，点火装置应满足下列三个基本要求。

1. 能产生足以击穿火花塞间隙的电压

发动机正常工作时，击穿火花塞间隙的电压一般在 10 kV 左右，而在低温起动时，由于火花塞电极温度低，气缸内的温度与压力均低，混合气雾化不良，因此，击穿火花塞间隙电压需要在 19 kV 以上。为了保证发动机点火的可靠性，点火系必须有一定的次级电压储蓄。但过高的次级电压，将造成线路绝缘困难，使成本提高。一般点火系的次级电压设计能力为 30 kV，或者稍高一些。

2. 电火花应具有足够的能量

要使混合气可靠点燃，火花塞产生的电火花必须具有一定的能量。发动机正常工作时，由于混合气压缩终了的温度已接近其自燃温度，因此，所需的电火花能量很小(1~5 MJ)。但发动机在低温起动时，因为混合气雾化不良，所以需较高的电火花能量。为了保证发动机可靠点火，一般应保证火花塞跳火时有 100 MJ 以上的电火花能量。

3. 点火时刻应适应发动机的工况

首先，点火系应按发动机的工作顺序进行点火。一般六缸发动机的点火顺序为 1－5－3－6－2－4，四缸发动机的点火顺序为 1－3－4－2，部分发动机点火顺序有差异的应以制造厂家提供的技术数据为准。其次，必须在最有利的时刻进行点火。

二、点火系统的发展

1. 传统点火系统

传统点火系统由电源、点火开关、点火线圈及附加电阻、分电器(包括断电触点、配电器和点火提前机构)、火花塞和高低压导线等组成，如图 5-1-1 所示。

图 5-1-1　传统点火系统的组成

(1)电源：点火系统的电源是蓄电池或发电机，作用是供给点火系统所需的电能。

(2)点火开关：接通或断开点火系统初级电路，控制发动机起动、工作和熄火。

(3)点火线圈：点火线圈如图 5-1-2 所示，将汽车电源提供的 12 V 低压电转变成能击穿火花塞电极间隙的 15 kV～20 kV 的高压直流电。按其磁路结构形式的不同，点火线圈一般分为开磁路式和闭磁路式两种。

（a）接线简图　　（b）剖视图

图 5-1-2　点火线圈

(4)分电器(图 5-1-3)：点火系分电器总成主要由配电器、断电器、电容器、点火提前装置等部件组成。

(5)高压导线：用以连接点火线圈与分电器中心插孔以及分电器旁电极和各缸火花塞。

(6)火花塞：火花塞的作用是将高压电引入气缸燃烧

图 5-1-3　分电器

室，产生电火花点燃可燃混合气。

（7）附加电阻：附加电阻的作用是改善正常工作时的点火性能和起动时的点火性能。

传统点火系统的工作过程：

（1）触点闭合，初级绕组（图5-1-4）电流增长（20 ms达最大值）。

（2）触点分开，次级线圈（图5-1-5）中因电磁感应产生高压电。

图5-1-4　低压电路（初级绕组）　　　　　　图5-1-5　高压电路（次级绕组）

当触点分开，初级绕组电路切断，电流迅速下降为0，在初级绕组和次级绕组中产生感应电动势，初级线圈匝数少：200 V～300 V自感；次级线圈匝数多：15 kV～20 kV互感。

（3）火花塞电极间隙被击穿，产生电火花，点燃混合气。

2. 电子点火系统

电子点火系统（也称半导体点火系统）由电源、点火开关、点火线圈、分电器、点火信号发生器、点火控制器及火花塞等组成，如图5-1-6所示。它是利用晶体三极管的开关作用，取代传统点火系统中的断电器触

图5-1-6　电子点火系统的组成

点，以控制点火线圈初级电路的通断，使点火系统工作。

（1）电子点火系统按照储能方式的不同可以分为电感式点火系统和电容式点火系统两大类。

前者的储能元件是点火线圈，后者的储能元件是电容器。电容式点火系统的特点是次级电压上升速率快、几乎不受发动机转速的影响、对火花塞积炭不敏感等。但其结构复杂、制造成本高，多用于高档赛车，在普通汽车上应用较少。

（2）电子点火系统按点火信号发生器的不同又可分为磁感应式、霍尔式、光电式、电磁振荡式电子点火系统等类型，其中前两种应用较为广泛。

3. 计算机控制点火系统

现代汽车电控燃油喷射式发动机均已采用微型计算机控制点火系统（ESA），与电子点火系统不同之处为利用微型计算机接收各传感器信号（主要为曲轴位置传感器或凸轮轴位置传感器信号），以进行点火正时、点火提前及发动机在各种运转状况时的点火时间修正。

微机控制的点火系分为有分电器微机控制的点火系和无分电器微机控制的点火系两类。

（1）有分电器微机控制点火系由电源、点火开关、电子控制单元（ECU）、点火控制器、点火线圈、分电器、火花塞、高压线和各种传感器等组成，如图 5-1-7 所示。

图 5-1-7　有分电器微机控制点火系统的组成示意图

（2）无分电器微机控制点火系由电源、点火开关、电子控制单元（ECU）、点火控制器、点火线圈、火花塞、高压线和各种传感器等组成，如图 5-1-8 所示。有的无分电器点火系还将点火线圈直接安装在火花塞上方，取消或隐藏了高压线。

图 5-1-8　无分电器计算机控制点火系统的组成示意图

→ **任务实施**

1. 任务准备

（1）设备：点火系统示教板、整车（桑塔纳、卡罗拉、科鲁兹）。

（2）工具：手电筒。

（3）辅助材料：三件套、翼子板布、抹布若干。

2. 实施步骤（表5-1-1）

表 5-1-1　实施步骤

作业内容	图　解	技术规范
1. 利用示教板认识点火系统的各部件		技术要求 1. 认识点火系统各部件 2. 分辨出的点火系统的类型 3. 观看火花塞跳火
2. 桑塔纳点火线圈		技术要求 找出桑塔纳整车上点火线圈的位置
3. 桑塔纳分缸线		技术要求 找出桑塔纳整车上分缸线的位置

作业内容	图　　解	技 术 规 范
4. 桑塔纳 火花塞		技术要求 找出桑塔纳整车上火花塞的位置
5. 卡罗拉 点火线圈		技术要求 找出卡罗拉整车上点火线圈的位置
6. 卡罗拉 火花塞		技术要求 找出卡罗拉整车上火花塞的位置
7. 科鲁兹 点火线圈		技术要求 找出科鲁兹整车上点火系统各部件的位置

续表

作业内容	图　解	技术规范
8. 科鲁兹火花塞		**技术要求** 找出科鲁兹整车上火花塞的位置
9. 5S管理		**技术要求** 1. 拆卸翼子板布、前格栅布，盖上发动机舱盖 2. 设备和现场的整理工作

工匠巡礼

郑志明，集车、钳、刨、铣等技能于一身的全能型工匠。

他身怀绝技，手工锉削平面可将零件尺寸误差控制在0.003毫米以内、手工画线钻孔的位置误差控制在0.05毫米以内，全国一流。他自学机器人编程等前沿技术，成为自动化技术方面的"土专家"，带领团队自主研制完成工艺装备900多项。

从职高毕业的钳工学徒，到技术精湛的大国工匠，再到在党的二十大代表团讨论会上向习近平总书记汇报，今年45岁的他是大家口中令人敬佩的汽车"智"匠"郑师傅"。

火花塞的更换

任 务 目 标

(1) 了解火花塞及缸线的基本知识。

(2) 掌握火花塞的更换。

(3) 能够养成规范意识及精益求精的工匠精神。

→ 必备知识

火花塞如图 5-2-1 所示。它的作用是把高压导线送来的脉冲高压电放电，击穿火花塞两电极间空气，产生电火花以此引燃气缸内的混合气体。

图 5-2-1　火花塞

一、常用火花塞的结构类型

常用火花塞的类型如图 5-2-2 所示。

（a）标准型　（b）绝缘突出型　（c）细电极型　（d）锥座型　（e）多极型　（f）沿面跳火型

图 5-2-2　火花塞的类型

1. 标准型火花塞

标准型火花塞绝缘体裙部略缩入壳体端面，侧电极在壳体端面以外，是使用最广泛的一种。

2. 绝缘突出型火花塞

绝缘突出型火花塞绝缘体裙部较长，突出于壳体端面以外。它具有吸热量大、抗污能力好等优点，且能直接受到进气的冷却而降低温度，因而也不易引起炽热点火，故热适应范围宽。

3. 细电极型火花塞

细电极型火花塞电极很细，特点是火花强烈，点火能力好，在严寒季节能保证发动机迅速可靠地起动，热范围较宽，能满足多种用途。

4. 锥座型火花塞

锥座型火花塞壳体和旋入螺纹制成锥形，因此不用垫圈即可保持良好密封，从而缩小了火花塞体积，对发动机的设计更为有利。

5. 多极型火花塞

多极型火花塞侧电极一般为两个或两个以上，优点是点火可靠，间隙不需经常调整，故在电极容易烧蚀和火花塞间隙不能经常调节的一些汽油机上常常采用。

6. 沿面跳火型火花塞

沿面跳火型火花塞中心电极与壳体端面之间的间隙是同心的。此外，为了抑制汽车点火系统对无线电的干扰，又生产了电阻型和屏蔽型火花塞。电阻型火花塞是在火花塞内装有 $5 \text{ k}\Omega \sim 10 \text{ k}\Omega$ 的电阻；屏蔽型火花塞是利用金属壳体把整个火花塞屏蔽密封起来。屏蔽型火花塞不仅可以防止无线电干扰，还可用于防水、防爆的场合。

二、 火花塞的间隙

火花塞的电极间隙一般为 $0.6 \sim 0.8$ mm，近年来为适应发动机排气净化的要求，采用稀混合气燃烧，火花塞电极间隙有增大的趋势，有的已增大至 $1.0 \sim 1.2$ mm，如图 5-2-3 所示。

三、 火花塞的热值

在某一种发动机运转的全工况中，若火花塞绝缘体裙部能保持在自净温度和上限温度之间，则火花塞对该发动机是适应的，超过此温度范围，火花塞将失去功能。这种性能称为火花塞的"热特性"。火花塞的适应温度范围称为"热范围"。

图 5-2-3 火花塞的间隙

一般用热值来表示火花塞的热特性。热值的定性描述分为"热型"和"冷型"。热值数字越高，表明火花塞越冷。冷型和热型火花塞特点及适用场合见表 5-2-1。

表 5-2-1　冷型与热型火花塞的特点及适用场合

火花塞类型	特　点	适用场合
冷型	裙部较短，吸热少，散热易，温度低	适用于大功率、高压缩比、高转速的发动机
热型	裙部较长，吸热多，散热难，温度高	适用于小功率、转速和压缩比较低的发动机

四、　火花塞的常见故障

通常火花塞使用寿命为 15 000 km，长效火花塞使用寿命为 30 000 km。发动机工作时，火花塞绝缘体裙部的温度应保持在 500 ℃～600 ℃。如果温度过低，绝缘体容易积炭，可能引起漏电而产生缺火现象；如果温度过高，易引起早燃和爆震。

1. 火花塞严重烧蚀

如图 5-2-4 所示，火花塞顶端起疤、破坏、电极熔化和烧蚀等都表明火花塞已经毁坏，应更换。更换时应检查烧蚀的征象以及颜色的变化，以便分析产生故障的原因。

2. 火花塞有沉积物

如图 5-2-5 所示，火花塞绝缘体的顶端和电极间有时会粘有沉积物，严重时会造成发动机不能工作，如清洁火花塞可暂时得到补救。为了保持良好的性能，必须查明故障根源。

图 5-2-4　火花塞烧蚀　　　　　　图 5-2-5　火花塞积炭

五、　火花塞的清洁

如火花塞上有积炭、积油等时，可用汽油或煤油、丙酮溶剂浸泡，待积炭软化后，用非金属刷刷净电极上和瓷芯与壳体空腔内的积炭，用压缩空气吹干，切不可用刀刮、砂纸打磨或蘸汽油烧，以防损坏电极和瓷质绝缘体。

任务实施 ────────────────────────────────

1. 任务准备

(1)设备：雪佛兰科鲁兹整车。

(2)工具：点火线圈拆装工具、世达工具、工具车。

(3)辅助材料：抹布。

2. 实施步骤（表 5-2-2）

表 5-2-2　实施步骤

作业内容	图　　解	技　术　规　范
1. 前期准备		**技术要求** 1. 安装车轮挡块 2. 安装外三件套
2. 断开蓄电池负极电缆		**技术要求** 　用 10♯套筒旋松蓄电池负极电缆螺母，取下蓄电池负极电缆，并用绝缘胶带包裹极柱和负极线 蓄电池负极电缆螺母 蓄电池负极电缆
3. 拆下发动机线束导管		**技术要求** 将发动机线束导管从气缸盖上拆下 发动机线束导管　点火线圈插头

作业内容	图　　解	技　术　规　范
4. 断开点火线圈插头		**技术要求** 按下插头锁扣拔下点火线圈插头
5. 拆下点火线圈保护罩		**技术要求** 沿箭头方向拆下点火线圈保护罩
6. 拆下点火线圈固定螺栓		**技术要求** 用 T35 扳手拆下 2 个点火线圈螺栓
7. 取出点火线圈		**技术要求** 用点火线圈拆装工具旋入点火线圈，向上取出点火线圈，摆放时不要磕碰点火线圈 点火线圈拆装工具　点火线圈

作业内容	图　解	技　术　规　范
8. 取出火花塞		**技术要求** 用16号火花塞拆装专用套筒预松火花塞，取出火花塞
9. 目视检查火花塞		**技术要求** 1. 目视检查火花塞使用情况 2. 棕色至浅灰褐色且带少量白色粉状沉积物，是燃油正常燃烧的副产品 3. 干燥、蓬松的黑炭或烟灰是燃油不正常燃烧产生的积炭
10. 安装火花塞		**技术要求** 用16号火花塞拆装专用套筒安装火花塞，拧紧力矩为25 N·m

续表

作业内容	图　　解	技 术 规 范
11. 安装点火线圈		**技术要求** 用 T35 内花键套筒安装点火线圈，拧紧力矩为 8 N·m
12. 安装点火线圈盖		**技术要求** 沿箭头方向安装点火线圈保护罩，确保安装牢固
13. 连接点火线圈插头		**技术要求** 连接点火线圈插头，复位插头锁扣
14. 安装发动机线束导管		**技术要求** 将发动机线束导管安装在气缸盖固定槽中

续表

作业内容	图　解	技 术 规 范
15. 连接蓄电池负极		**技术要求** 　清理负极柱及负极线表面绝缘胶带，用10号套筒紧固蓄电池负极电缆螺母。拧紧力矩为 10 N·m 蓄电池负极电缆螺母 蓄电池负极电缆
16. 5S管理		**技术要求** 　按照技术要求完成5S项目

P项目 6 PROJECT

冷却系统的拆装与检测

项　目　概　述

　　汽车发动机工作时，由于燃料的燃烧，燃烧室温度可高达 2 200～2 800 K，使发动机的零件温度升高，特别是高温气体接触的零件，如不及时冷却则难以保证发动机正常工作，发动机过热或过冷都会给发动机带来危害。冷却系统的功用是将发动机受热零部件吸收的部分热量及时散发出去，保证发动机在适宜的温度状态下工作。

　　通过本项目的学习，要在知识、技能、行为习惯、职业素养等方面达到学思用贯通、知信行统一，能够培养精益求精的工匠精神，绿色环保的责任意识以及吃苦耐劳的卓越品质，并将尊重创造、敬业奉献、服务人民融入学习和生活中。

序号	学习内容(知识、技能、行为习惯、职业素养等)	评价标准			
		了解知道	理解掌握	指导下操作	独立操作
1	冷却系统的组成及作用		✓		
2	冷却系统的分类及特点	✓			
3	水冷却系统的工作过程		✓		
4	找出水冷却系统的各部件位置				✓
5	水冷却系统各部件的作用		✓		
6	节温器的更换			✓	

Mission 任务1 冷却系统的认知

→ 必备知识

一、 冷却系的功用与类型

1. 冷却系统的功用

冷却系统使发动机得到适度冷却，防止发动机过冷、过热，以保证发动机在正常的温度范围内工作。

(1)发动机过热的危害：充气效率低，早燃和爆燃易发生，发动机功率下降；润滑油黏度减小、润滑油膜易破裂加剧零件磨损、运动机件易损坏。

(2)发动机过冷的危害：燃烧困难，功率低及油耗高，润滑油黏度增大，零件易磨损。

2. 冷却系统的分类

(1)风冷却系统：冷却介质是空气，利用气流使散热片的热量散到大气中。

风冷却的特点是结构简单、质量较小、升温较快、经济性好；难以调节，消耗功率大、工作噪声大。

(2)水冷却系统：冷却介质是防冻冷却液，通过冷却液的不断循环，从发动机水套中吸收多余的热量，并散发到大气中。

二、 水冷却系统的组成

水冷却系统通常由冷却水套、水泵、风扇、散热器、节温器、膨胀水箱、散热风扇等组成(图6-1-1)。

图 6-1-1 桑塔纳轿车水冷系统的组成

1. 发动机水套 (图 6-1-2)

(1)定义：气缸体和气缸盖内的一层水套，是气缸体和气缸盖的双层壁所形成的空间。

(2)作用：将发动机燃烧室和缸体内壁的温度通过热传导将热能转移到冷却液。

图 6-1-2 水套

2. 水泵

(1)功用：对冷却液加压，强制冷却液流动。

(2)类型：汽车发动机广泛采用离心式水泵。

(3)结构组成：水泵体、水泵盖、叶轮、水泵轴、轴承、水封等(图 6-1-3)。

图 6-1-3 水泵

3. 散热器

(1)结构与功用：散热器由进水室、出水室及散热器芯等三部分构成。冷却液在散热器芯内流动，空气在散热器外通过。热的冷却液由于向空气散热而变冷，冷空气则因为吸收冷却液散出的热量而升温，将冷却液的热量散入大气。目的是保护发动机避免因过热造成的破坏，如图 6-1-4 所示。

图 6-1-4 散热器

(2)散热器芯类型：散热器芯有两种类型，即管片式和管带式。管片式散热器芯部是由许多细的冷却管和散热片构成，冷却管大多采用扁圆形截面，以减小空气阻力，增加传热面积。管带式散热器是由波纹状散热带和冷却管相间排列经焊接而成，如图 6-1-5 所示。

图 6-1-5 散热器芯类型

(3)散热器盖：散热器盖(图 6-1-6)的作用是密封水冷系并调节系统的工作压力，使系统内的压力提高 98 kPa～196 kPa，冷却液的沸点相应地提高到 120 ℃左右。

当发动机工作时，冷却液的温度逐渐升高。由于冷却液容积膨胀使冷却系统内的压力增高。当压力超过预定值时，压力阀开启，一部分冷却液经溢流管流入膨胀水箱，以防止冷却液胀裂散热器。当发动机停机后，冷却液的温度下降，冷却系内的压力也随之降低。当压力降到大气压力以下出现真空时，真空阀开启，膨胀水箱内的冷却液部分地流回散热器，可以避免散热器被大气压力压坏，如图 6-1-7 所示。

图 6-1-6 散热器盖

图 6-1-7 散热器盖的工作过程

4. 膨胀水箱

(1)功用：减少冷却液的损失，当冷却液受热膨胀后，散热器内多余的冷却液流入膨胀水箱；当温度降低后，膨胀水箱中的冷却液又被吸入散热器内，因此，冷却液损失很少。

(2)结构：膨胀水箱用橡胶管与散热器相接，由此处加注冷却液，如图 6-1-8 所示。补偿水桶上印有两条液面高度标记线："MIN"(低)标记与"MAX"(高)标记，冷却液正常值应在"MAX"和"MIN"之间。

图 6-1-8 膨胀水箱

图 6-1-9 节温器

5. 节温器

(1)功用：根据冷却水温度的高低自动调节进入散热器的水量，改变水的循环范围，以调节冷却系的散热能力，保证发动机在合适的温度范围内工作(图 6-1-9)。

(2)类型：汽车发动机上常用的节温器主要有折叠式、蜡式和双金属热偶式三种。蜡式节温器具有工作可靠、结构简单、坚固耐用、制造方便、容易大量生产、成本低等优点，因此得到广泛的使用。

6. 散热风扇

（1）功用：散热风扇用来促进散热器的通风，提高散热器的热交换能力，如图 6-1-10 所示。

图 6-1-10　散热风扇

（2）工作特点：根据冷却液温度，控制风扇转动：普通轿车，当温度为 92 ℃～97 ℃时，风扇以 1 档运行，风扇转速为 2 300 r/min；当温度 99 ℃～105 ℃时，风扇以 2 档运行，风扇转速为 2 800 r/min；温度降到 84 ℃～91 ℃时，风扇停转。

7. 冷却液

（1）作用：在发动机冷却系统中循环流动，将发动机工作中产生的多余热能带走，使发动机能以正常工作温度运转。

（2）组成：冷却液由软水、防冻剂、添加剂三部分组成，如图 6-1-11 所示。按防冻剂成分不同可分为酒精型、甘油型、乙二醇型等类型的冷却液。目前所使用的和市场上所出售的冷却液几乎都是这种乙二醇型冷却液。

图 6-1-11　冷却液组成

（3）功能：除了起冷却作用外，冷却液还应具有冬季防冻、防腐蚀、防水垢、高沸点四大功能。

⊙ 拓展阅读 ——————————————————————————————————————

冷却液标准

2000 年以后，我国汽车行业高速发展，我国汽车保有量在 2020 年超过美国，成为全球保有量最大市场，汽车冷却液执行的国家标准是《GB 29743—2013 机动车发动机冷却液》。

新能源汽车是我国战略性新兴行业之一，经过 20 多年的发展，其产销规模已跃居全球第一。电动汽车冷却液标准《NB/SH/T6047—2021 电动汽车冷却液》已于 2021 年 11 月 16 日颁布，为电动汽车行业的健康发展提供必要的标准支撑，并对国内电动汽车冷却液的质量进行规范，便于电动汽车冷却液的生产与选用，促进电动汽车冷却液的有序发展。

⊙ 任务实施 ——————————————————————————————————————

1. 任务准备

（1）车辆：科鲁兹车。

（2）工具：翼子板布、前格栅布、电筒。

（3）辅助材料：三件套、标记笔、抹布若干。

2. 实施步骤（表 6-1-1）

表 6-1-1　实施步骤

作业内容	图　解	技　术　规　范
1. 任务准备		**技术要求** 安装翼子板护垫三件套
2. 认识膨胀水箱		**技术要求** 1. 冷态下查看冷却液液位 2. 冷却液的液位在上下刻度之间

作业内容	图　　解	技　术　规　范
3. 认识冷却系统补充管和排气管		**技术要求** 1. 下管是补充管 2. 上管是排气管
4. 认识散热风扇		**技术要求** 1. 下管是补充管 2. 上管是排气管
5. 认识散热器		**技术要求** 1. 散热器在冷却风扇的前方 2. 注意区分散热器和冷凝器

续表

作业内容	图　解	技　术　规　范
6. 认识冷却液出水软管		**技术要求** 上方出水软管是冷却液从发动机流入散热器
7. 认识冷却液进水软管		**技术要求** 下方出水软管是冷却液从散热器流入发动机
8. 认识节温器		**技术要求** 1. 节温器安装在出水软管的出口处 2. 科鲁兹的节温器是电子节温器

作业内容	图 解	技 术 规 范
9. 认识水泵		**技术要求** 根据水管找出科鲁兹的水泵
10. 认识暖风进出、水软管		**技术要求** 进入车厢内的两个水管
11. 5S管理		**技术要求** 1. 安放发动机装饰盖 2. 取下翼子板布并叠放整齐 3. 关闭发动机舱盖 4. 做好车身和地面清洁工作

任务 2　**节温器的更换**

→ 必备知识

一、发动机冷却系统的工作过程

在水泵作用下，使环绕在气缸水套中的冷却液加快流动，通过车辆行驶中的自然风和散热风扇，将冷却液在散热器中进行冷却，冷却后的冷却液再次引入到水套中，周而复始，实现对发动机的冷却。冷却系统除了对发动机有冷却之外，还有"保温"的作用，这个过程是通过节温器实现发动机冷却系统的"大小循环"的切换。

1. 小循环

一般当发动机冷却液温度低于 76 ℃时（卡罗拉 84 ℃），节温器主阀门关闭，副阀门打开，气缸盖水套至散热器的冷却液通道被切断。冷却水由气缸盖水套流出，经过节温器旁通阀、旁通管进入水泵，并经水泵送入气缸体水套。由于冷却水不经散热器散热，可使发动机温度迅速提高。这种循环方式称为小循环，如图 6-2-1 所示。

图 6-2-1　小循环

2. 大循环

一般当发动机冷却液温度高于 86 ℃时(卡罗拉 95 ℃)，节温器主阀门打开，副阀门关闭。冷却水全部由主阀门进入散热器散热，冷却液温度迅速降低，然后再由水泵送入气缸体水套。这种循环方式称为大循环，如图 6-2-2 所示。

图 6-2-2　大循环

3. 混合循环

一般当冷却液温度在 76 ℃～86 ℃时(卡罗拉 84 ℃～95 ℃)，节温器主阀门和副阀门都处于部分开启状态，此时大、小循环都存在，只有部分冷却水经散热器进行散热。

二、蜡式节温器的结构与工作原理

1. 蜡式节温器的结构

蜡式节温器主要由支架、主阀门、副阀门、石蜡、蜡管和弹簧等组成，如图 6-2-3 所示。

2. 工作原理

由蜡式节温器内部的石蜡通过热胀冷缩原理来控制冷却液循环方式。当冷却温度低于规定值时，节温器感温体内的精制石蜡呈固态，节温器阀在弹簧的作用下关闭发动机与散热器之间的通道，冷却液经水泵返回发动机，进行发动机内小循环。当冷却液温度达到规定值后，石蜡开始融化逐渐变为液体，体积随之增大并压迫橡胶管使其收缩，在橡胶管收缩的同时对推杆作用以向上的推力，推杆对阀门有向下的反推力使阀门开启。这时冷却液经由散热器和节温器阀，再经水泵流回发动机，进行大循环，如图 6-2-4 所示。

图 6-2-3　蜡式节温器的结构

（a）节温器关闭　　　　（b）节温器打开

图 6-2-4　节温器的工作状态

三、电子节温器

电子节温器(图 6-2-5)根据发动机的工作状态及环境温度，通过与水泵、电子风扇的匹配可以精确控制内燃机的进出水温度，提高内燃机的功率及燃油的经济性，并降低排放。

图 6-2-5　电子节温器

（1）电子节温器是在感温的石蜡中，装有一个加热电阻，阻值约 12 Ω。

（2）冷却液温度控制节温器开启外，加热电阻通电时也可控制节温器开启。

（3）加热电阻是由发动机控制电脑根据温度传感器信号来调节的。

（4）电子节温器工作温度范围广，即使控制信号失效，节温器内部石蜡也可以正常工作，完成冷却系统大小循环的切换。

→ **任务实施**

1. 任务准备

（1）设备：科鲁兹车辆 2 台、举升机。

（2）工具：常用工具套、积液器、密封胶，引水软管、冷却液、抹布等。

2. 实施步骤（表 6-2-1）

表 6-2-1　实施步骤

作业内容	图　解	技术规范
1. 拆卸膨胀水箱盖		**技术要求** 冷车状态的操作
2. 举升车辆		**技术要求** 1. 车辆防护 2. 规范操作举升机

续表

作业内容	图　解	技　术　规　范
3. 安装散热器排水阀口软管		**技术要求** 选择排水阀口直径相符的软管
4. 打开散热器排水阀		**技术要求** 逆时针旋转打开排水阀
5. 收集冷却液		**技术要求** 1. 选择合适的积液器收集冷却液 2. 冷却液排尽后关闭散热器排水阀
6. 拆卸电子节温器连接器		**技术要求** 拨开锁扣，按下连接器卡扣，取下连接器

续表

作 业 内 容	图　　解	技 术 规 范
7. 拆卸节温器出水管		技术要求 松开卡箍，拔下出水管
8. 拆卸节温器固定螺栓		技术要求 分次交叉拧松节温器固定螺栓
9. 取出节温器		技术要求 利用橡胶锤轻轻敲击，取下节温器
10. 清洁节温器安装座		技术要求 清除表面密封胶

续表

作业内容	图　　解	技 术 规 范
11. 更换节温器及密封圈		**技术要求** 选择同型号节温器及密封圈
12. 节温器安装座涂密封胶		**技术要求** 密封胶涂抹均匀
13. 安装节温器		**技术要求** 1. 分次交叉拧紧节温器固定螺栓 2. 节温器螺栓拧紧力矩为 8 N·m
14. 安装节温器出水管		**技术要求** 将卡箍安装到合适位置

作业内容	图　　解	技　术　规　范
15. 安装节温器连接器		技术要求 锁紧连接器卡扣
16. 加注冷却液		技术要求 1. 加注同型号的冷却液 2. 起动发动机排空气 3. 检查冷却液液面在规定范围内 4. 安装膨胀水箱盖
17. 5S		技术要求 1. 安放发动机装饰盖 2. 取下翼子板布并叠放整齐 3. 关闭发动机舱盖 4. 做好车身和地面清洁工作

润滑系统的拆装与检测

项 目 概 述

  润滑系统是发动机最重要的辅助工作系统，它的工作状况，直接决定发动机磨损的程度。发动机工作时，零件相对运动表面必然产生摩擦和磨损，而摩擦产生的阻力，既要消耗动力，阻碍零件的运动，又使零件发热，甚至导致零件工作表面烧损。因此，在零件的摩擦表面必须进行润滑，即在两零件的工作表面之间加入一层润滑油使其形成油膜，将零件完全隔开，处于完全的液体摩擦状态。这样，功率消耗和磨损就会大为减少。

  通过本项目的学习，要在知识、技能、行为习惯、职业素养等方面达到学思用贯通、知信行统一，能够培养精益求精的工匠精神，绿色环保的责任意识以及吃苦耐劳的卓越品质，并将尊重创造、敬业奉献、服务人民融入学习和生活中。

序号	学习内容(知识、技能、行为习惯、职业素养等)	评价标准			
		了解知道	理解掌握	指导下操作	独立操作
1	润滑系统的组成及作用		✓		
2	润滑系统的润滑方式	✓			
3	机油泵的类型		✓		
4	机油泵的工作原理		✓		
5	润滑系统的油路		✓		
6	机油泵的拆装				✓
7	机油泵的检测	✓			
8	影响机油压力的原因	✓			

润滑系统的认知

任 务 目 标

(1)掌握润滑系统的功用与组成。

(2)知道润滑系统的润滑方式。

(3)理解润滑油路的工作路径。

(4)增强民族自豪感，提高环保意识和服务意识。

→ 必备知识 ─────────────────────────────

一、润滑系统的功用与组成

1. 润滑系统功用

润滑系统在发动机工作时连续不断地把数量足够、温度适当的洁净机油输送到各运动零件的表面，并在之间形成油膜，从而减小摩擦阻力、降低功率消耗、减轻机件磨损，以达到提高发动机工作可靠性和耐久性的目的，起到以下几个功用。

润滑：在运动零件的所有摩擦表面之间形成连续的油膜，以减小零件之间的摩擦。

密封：利用油膜防止燃气的泄露。

冷却：润滑油在循环过程中流过零件工作表面，可以降低零件的温度。

清洁：循环的润滑油可以带走摩擦表面产生的金属碎末、杂质等。

防锈：在零件表面形成油膜，防止零件腐蚀生锈。

液压：兼做液压油，起液压作用，如液压挺柱。

2. 润滑系统的组成

发动机润滑系统一般由油底壳、机油泵、机油滤清器、限压阀、旁通阀、油道、机油散热器以及机油标尺等组成，如图 7-1-1 所示。

图 7-1-1　润滑系的组成

二、　润滑系统的油路

现代汽车发动机润滑系统的油路大致相同，如图 7-1-2 所示。

当发动机工作时，机油从油底壳经集滤器被机油泵送入机油滤清器。机油经滤清器滤清之后进入发动机主油道。机油经主油道分别润滑五个主轴承；主油道的另一条分油道直通凸轮轴轴承润滑油道，分别向凸轮轴轴承供油。

限压阀：油压超过规定压力，限压阀打开，机油回油底壳。

旁通阀：滤清器盖上设有旁通阀，当滤清器堵塞时，机油不经过滤清器滤清由旁通阀直接进入主油道。

图 7-1-2　润滑油路

三、　发动机的润滑方式

发动机各零件的润滑强度取决于该零件的环境、相对运动速度和承受机械负荷、热负荷的大小。根据润滑强度的不同，发动机润滑系采用下面几种润滑方式。

1. 压力润滑

利用机油泵，将具有一定压力的润滑油源源不断地送到摩擦面间。形成具有一定厚度并能承受一定机械负荷而不破裂的油膜，尽量将两摩擦零件完全隔开，实现可靠的润滑。

2. 飞溅润滑

利用发动机工作时某些运动零件(主要是曲轴与凸轮轴)飞溅起的油滴与油雾，对摩擦表面进行润滑的一种方式。飞溅润滑适合于暴露零件表面，如缸壁、凸轮等；相对运动速度较低的零件，如活塞销等；机械负荷较轻的零件，如挺柱等。气缸壁采用飞溅润滑还可防止由于润滑油压力过高，油量过大，进入燃烧室导致发动机工作条件恶化。

拓展阅读

新中国成立之前，我国石油产量仅有 12 万吨，国内使用的石油产品几乎全部依赖进口。新中国成立以后，很长一段时间我们始终顶着"中国贫油论"的大帽子，甚至许多外国知名专家都下了结论——中国无油。在党的领导下，我国地质学家和科学家们没有盲目轻信外国人的结论，没有因为困难而止步。他们以科学理论为指导，发扬艰苦创业的精神，科学分析、判断，终于在1955年取得第一个突破——发现了克拉玛依油田！1959年，又发现了大庆油田，再后来又相继发现了胜利油田、华北油田、辽河油田等大油田……截至2021年，我国石油剩余探明可采储量36.89亿吨，原油产量1.99亿吨，稳居世界第6大产油国和第2大炼油国。

3. 定期润滑

对一些不太重要、分散的部位，采用定期加注润滑脂的方式进行润滑，如发动机水泵轴承、发电机、起动机等总成的润滑，即采用这种方式。

→ **任务实施** ━━━━━━━━━━━━━━━━━━━━━━━━━━━━━━━━━━━━━━━●

1. 任务准备

（1）设备：科鲁兹发动机台架。

（2）工具：翼子板布、前格栅布、电筒。

（3）辅助材料：三件套、标记笔、抹布若干。

2. 实施步骤（表7-1-1）

表7-1-1　实施步骤

作业内容	图　解	技 术 规 范
1. 认识机油尺		**技术要求** 机油的液位在上下刻度之间

续表

作业内容	图　解	技术规范
2. 认识 机油滤清器		**技术要求** 机油滤清器发动机排气管侧
3. 认识 机油散热器		**技术要求** 拆卸排气管
4. 认识 油底壳及 放油螺栓		**技术要求** 油底壳放油螺塞拧紧力矩 14 N•m
5. 认识曲 轴润滑 油道		**技术要求** 每个曲轴主轴颈和连杆轴径均分布润滑 油道

续表

作业内容	图　　解	技 术 规 范
6.认识凸轮轴润滑油道		**技术要求** 每个凸轮轴轴颈均分布润滑油道
7.5S管理		**技术要求** 做好工具设备和地面清洁工作

任务 2　机油泵的拆装与检修

（1）掌握润滑系统各部件的作用。

（2）理解机油泵的分类与工作原理。

（3）能对机油泵进行拆装与检测。

（4）知道影响机油压力的原因。

（5）能够养成规范意识及精益求精的工匠精神。

➔ 必备知识

一、润滑系统主要零部件

1. 机油泵

机油泵的作用是将机油提高到一定压力后，强制地压送到发动机各零件的运动表面，保证发动机的良好润滑。按机油泵中主要运动件和运动方式分为柱塞泵、齿轮泵和叶片泵（图 7-2-1）。目前发动机润滑系统中广泛采用的是外啮合齿轮式机油泵和内啮合齿轮式机油泵，一般把前者称为齿轮式机油泵。

图 7-2-1　机油泵的类型

（1）齿轮式机油泵。

组成：齿轮式机油泵由主动轴、主动齿轮、从动轴、从动齿轮、限压阀、泵体与前后盖等组成如图 7-2-2 所示。

特点：齿轮式机油泵工作可靠，结构简单，制造方便和泵油压力较高，所以得到广泛采用。

图 7-2-2　齿轮式机油泵的组成

工作原理：当齿轮转动时，齿轮脱开侧的空间的体积从小变大，形成真空，将液体吸入，齿轮啮合侧的空间的体积从大变小，而将液体挤入管路中去，如图 7-2-3 所示。

图 7-2-3　齿轮式机油泵的工作原理

（2）转子式机油泵。

组成：转子式机油泵由壳体、内转子、外转子、限压阀和泵盖等组成，如图 7-2-4 所示。

图 7-2-4　转子式机油泵的组成

特点：转子式机油泵结构紧凑，外形尺寸小，质量小，吸油真空度较大，泵油量大，供油均匀性好，成本低，在中、小型发动机上应用广泛。其缺点是内外转子啮合表面的滑动阻力比齿轮泵大，因此功率消耗较大。

工作原理：转子齿形齿廓设计得使转子转到任何角度时，内、外转子每个齿的齿形廓线上总能互相成点接触。这样内、外转子间形成 4 个工作腔，随着转子的转动，这 4 个工作腔的容积是不断变化的。在进油道的一侧空腔，由于转子脱开啮合，容积逐渐增大，产生真空，机油被吸入，转子继续旋转，机油被带到出油道的一侧，这时，转子正好进入啮合，使这一空腔容积减小，油压升高，机油从齿间挤出并经出油道压送出去。这样，随着转子的不断旋转，机油就不断地被吸入和压出，如图 7-2-5 所示。

图 7-2-5　转子式机油泵的工作原理

2. 机油滤清装置

功用：对不断循环的机油进行过滤，清除机油中的各种杂质，清洁润滑机油。

类型：机油集滤器、机油滤清器。

（1）机油集滤器。

一般为金属丝滤网，装在机油泵之前，串联在油路中，主要是用于防止机油中一些颗粒较大的杂质进入机油泵，如图 7-2-6 所示。

（2）机油滤清器。

机油滤清器又称机油格。用于去除机油中的灰尘、金属颗粒、碳沉淀物和煤烟颗粒等杂质，保护发动机，如图 7-2-7 所示。

图 7-2-6　机油集滤器

图 7-2-7　机油滤清器

机油滤清器有全流式与分流式之分。全流式滤清器串联于机油泵和主油道之间，能滤清进入主油道的全部润滑油。分流式滤清器与主油道并联，仅过滤机油泵送出部分润滑油。

3. 油底壳和油尺

（1）油底壳：油底壳位于曲轴箱的下半部，又称为下曲轴箱，如图 7-2-8 所示。

其作用是封闭曲轴箱作为贮油槽的外壳，防止杂质进入，并收集和储存由发动机各摩擦表面流回的润滑油，散去部分热量，防止润滑油氧化。此外，油底壳底部最低处还装有放油螺塞。

图 7-2-8　油底壳

（2）油尺：油尺（图 7-2-9）可用来检查发动机机油量的多少。检查发动机机油量应在发动机起动之前或停止运转 5 min 以后，其油量应保持在油尺的上下限之间。

图 7-2-9　机油尺

二、 机油压力

1. 机油压力警告灯

发动机工作时，机油压力一般保持在 150 kPa～350 kPa 的压力范围内。若机油压力表指示的压力值小于 98 kPa，则可视为机油压力过低，应立即停车进行检查，否则容易造成零件过度磨损，甚至发生"烧瓦抱轴"等重大机械故障。机油压力警告灯如图 7-2-10 所示。

图 7-2-10　机油压力警告灯

2. 机油压力异常原因

(1)机油压力过低：会造成发动机润滑不足，加剧发动机零部件的磨损，影响发动机的寿命。可能的原因是：

①机油压力传感器效能不佳；

②机油过稀、机油黏度降低；

③机油泵供油能力不足；

④机油管路有泄漏；

⑤机油限压阀调整不当、关闭不严或其弹簧折断；

⑥机油集滤器滤网堵塞；

⑦曲轴主轴承、连杆轴承或凸轮轴轴承磨损、间隙过大或轴承盖松动。

(2)机油压力过高：会造成油封油管损坏，消耗过多的发动机动力。可能的原因是：

①机油黏度过大；

②机油限压阀调整不当；

③润滑油道有堵塞，阻止了润滑油的流动；

④主轴承、连杆轴承或凸轮轴轴承间隙过小；

⑤机油滤清器堵塞且旁通阀开启困难；

⑥机油压力传感器工作不良。

⊙ 任务实施

1. 任务准备

主要设备：科鲁兹 1.6LDE 发动机 4 台、世达工具 4 套、发动机拆装工作台 4 套，刀口尺 4 把、厚薄规 4 把、毛刷 4 把、油盆、机油、煤油多媒体设备 4 套。

2. 实施步骤（表 7-2-1）

表 7-2-1　实施步骤

作业内容	图　解	技术规范
1. 拆卸发动机前盖		技术要求 使用 E12 套筒及适当的工具拆卸发动机前盖螺栓，分两次由四周向中间卸力后拆下 8 个螺栓
2. 取下发动机前盖密封垫		技术要求 1. 使用橡胶锤四周轻轻敲下发动机前盖 2. 取下前盖密封垫
3. 拆卸机油泵端盖		技术要求 使用 T30 套筒及合适的工具对角拆卸 6 个机油泵端盖螺栓

续表

作业内容	图　解	技术规范
4. 取出机油泵转子		**技术要求** 　　分两次取出机油泵内、外转子，放置于吸油纸上
5. 清洁机油泵壳体及各零部件		**技术要求** 　　1. 用吸油纸清洁各部件表面的污垢 　　2. 用气枪吹净后目视检查表面，如有异常损坏需更换
6. 装入内、外转子		**技术要求** 　　安装内、外转子时需注意方向

续表

作业内容	图　解	技　术　规　范
7. 平面度检测		**技术要求** 1. 用吸油纸清洁刀口尺、塞尺表面，将刀口尺放置于转子与壳体所在的平面上，目测检查透光点，然后进行测量并记录数据 名称：机油泵平面度　标准/mm：0.02～0.058 2. 对测量结果判断，制定维修方案（更换、维修、磨削）
8. 测量内、外转子齿顶端面间隙		**技术要求** 使用塞尺测量内、外转子齿顶端面间隙，标准值为 0.08～0.16 mm
9. 安装机油泵端盖		**技术要求** 对角线拧紧机油泵端盖，拧紧力矩为 10 N·m

续表

作业内容	图　解	技 术 规 范
10. 安装前端盖		**技术要求** 1. 更换新的同型号密封垫和曲轴前油封 2. 由中间向两边安装前端盖螺栓，拧紧力矩为 20 N·m
11. 5S 管理		**技术要求** 按照技术要求完成5S项目

起动系统的拆装与检测

项目概述

　　要使发动机由静止状态过渡到工作状态，必须先用外力转动发动机的曲轴，发动机才能自行运转，工作循环才能自动进行。因此，曲轴在外力作用下从开始转动到发动机开始自动地怠速运转的全过程，称为发动机的起动。完成起动过程所需的装置，称为发动机的起动系。

　　通过本项目的学习，要在知识、技能、行为习惯、职业素养等方面达到学思用贯通、知信行统一，能够培养精益求精的工匠精神，绿色环保的责任意识以及吃苦耐劳的卓越品质，并将尊重创造、敬业奉献、服务人民融入学习和生活中。

工匠巡礼

　　每一个男孩子心中都有一个"汽车梦"，从小就对汽车感兴趣的他，立志要与汽车为伴。2001 年毕业后，他来到重庆长安汽车股份有限公司工作，从零开始学习装配，并利用空闲时间仔细研究汽车电器的特性、原理和结构，32 本汽车电器相关书籍、15 个笔记本，他对汽车电器的调试用"狂热"和"痴迷"来形容最合适不过。2016 年，李元园享受国务院授予颁发政府特殊津贴，2017 年被评为全国"最美汽车人" 2022 年重庆五一劳动奖章获得者。他用累累硕果，在个人发展和公司征程上留下了一串串闪光的足迹，不断发光发热。

　　党的二十大报告提到，培养造就大批德才兼备的高素质人才，是国家和民族长远发展大计。功以才成，业由才广。坚持党管人才原则，坚持尊重劳动、尊重知识、尊重人才、尊重创造，实施更加积极、更加开放、更加有效的人才政策，引导广大人才爱党报国、敬业奉献、服务人民。加快建设国家战略人才力量，努力培养造就更多大师、战略科学家、一流科技领军人才和创新团队、青年科技人才、卓越工程师、大国工匠、高技能人才。

MISSION 任务 1　起动系统的认知

任 务 目 标

(1)掌握起动系统的组成及工作原理。

(2)了解起动系统的分类。

(3)能够养成良好的服务和规范意识。

⊙ 必备知识

一、发动机的起动

要使发动机由静止状态过渡到工作状态，必须先用外力转动发动机的曲轴，使活塞做往复运动，气缸内的可燃混合气燃烧膨胀做功，推动活塞向下运动使曲轴旋转，发动机才能自行运转，工作循环才能自动进行。因此，曲轴在外力作用下开始转动到发动机开始自动地怠速运转的全过程，称为发动机的起动。完成起动过程所需的装置，称为发动机的起动系。

二、起动系统的组成及工作原理

1. 起动系统的组成

起动系统由起动机、蓄电池、飞轮、起动继电器、起动开关、起动电路等组成，如图 8-1-1 所示。

图 8-1-1　起动机的组成

2. 起动原理

起动时，接通起动开关，起动机电路通电，继电器的吸引线圈和保持线圈通电，产生很强的磁力，吸引铁心左移，并带动驱动杠杆绕其销轴转动，使齿轮移出与飞轮齿圈啮合。与此同时，由于吸引线圈的电流通过电动机的绕组，电枢开始转动，齿轮在旋转中移出，减小冲击。当铁心移动到使短路开关闭合的位置时，短路线路接通，吸引线圈被短路，失去作用，保持线圈所产生的磁力足以维持铁心处于开关吸合的位置。

三、 起动系统的类型

1. 按驱动齿轮啮合方式分

(1)惯性啮合式：起动时，依靠驱动齿轮自身旋转的惯性与飞轮齿环啮合。惯性啮合方式结构简单，但工作可靠性较差，现很少采用。

(2)电枢移动式：靠磁极产生的电磁力使电枢作轴向移动，带动固定在电枢轴上的驱动齿轮与飞轮齿环啮合。电枢移动式起动机其结构较为复杂，在欧洲国家生产的柴油车上使用较多。

(3)磁极移动式：靠磁极产生的磁力使其中的活动铁心移动，带动驱动齿轮与飞轮齿环啮合。磁极移动式起动机其磁极的结构较为复杂，目前采用此种结构形式的起动机已不多见。

(4)齿轮移动式：靠电磁开关推动电枢轴孔内的啮合杆而使驱动齿轮与飞轮齿环啮合。齿轮移动式其结构也比较复杂，采用此种结构的一般为大功率的起动机。

(5)强制啮合式：靠电磁力通过拨叉或直接推动驱动齿轮作轴向移动与飞轮齿环啮合。强制啮合式起动机工作可靠、结构也不复杂，使用最为广泛。

2. 按传动机构结构分

(1)非减速起动机：起动机与驱动齿轮之间直接通过单向离合器传动。一直以来，汽车上使用的起动机其传动机构均为这种机构。

(2)减速起动机：在起动机与驱动齿轮之间增设了一组减速齿轮。减速起动机具有结构尺寸小、质量小、起动可靠等优点，在一些轿车上的应用日渐增多。

→ **任务实施** ────────────────────────────

1. 任务准备

(1)设备：科鲁兹、举升机。

(2)工具：成套组合工具车、工作台、手电筒。

(3)辅助材料：翼子板布和前格栅布、三件套、抹布、手套、垫块。

2. 实施步骤（表 8-1-1）

表 8-1-1 实施步骤

作业内容	图　　解	技　术　规　范
1. 准备车辆		**技术要求** 1. 在指定位置安装车辆垫块 2. 拉起驻车制动手柄 3. 换档杆置于空档
2. 找出起动继电器		**技术要求** 观察主保险丝盒盖，找到相应继电器的位置
3. 举升车辆		**技术要求** 1. 车辆举升到合适的高度 2. 车辆举升过程中严禁周围站人或在其周围走动

作业内容	图　解	技　术　规　范
4. 找出起动机		**技术要求** 　借助电筒，从汽车底部靠近飞轮找到起动机
5. 找出起动机的电路连接		**技术要求** 观察起动机的线路连接
6. 5S管理	 教学用车（02）	**技术要求** 1. 降下车辆 2. 将翼子板布、前格栅布叠放整齐 3. 关上发动机盖

任务 2　起动机的更换

任　务　目　标

(1)掌握起动机的组成及工作原理。

(2)规范地进行起动机的更换。

(3)能够养成规范意识及精益求精的工匠精神。

一、起动机的组成

1. 组成

起动机一般由三部分组成，如图 8-2-1 所示。

(1)直流串激式电动机：其作用是产生转矩。

(2)传动机构(或称啮合机构)：其作用是在发动机起动时，使起动机驱动齿轮啮入飞轮齿环，将起动机转矩传给发动机曲轴；而在发动机起动后，使驱动齿轮打滑与飞轮齿环自动脱开。

图 8-2-1　起动机

(3)控制装置(开关)：用来接通和切断起动机与蓄电池之间的电路。在有些汽车上，还具有接入和隔除点火线圈附加电阻的作用。

2. 直流电动机的结构

直流电动机由磁极、电枢、换向器以及机壳部件组成。电枢绕组与磁场绕组串联，称此种直流电动机为串联式直流电动机。

(1)磁极。由固定在机壳上的磁极铁心和缠绕在铁心上的磁场绕组组成，磁场绕组所产生的磁极应该是相互交错的。一般采用四个磁极，功率大于 7.35 kW 的起动机个别采用 6 个磁极。

(2)电枢与换向器。电枢由外圆带槽的硅钢片叠成的铁心、电枢轴和电枢绕组等组成，起动机工作时，通过电枢绕组和磁场绕组的电流达几百安或更大，因此其磁场绕组和电枢绕组一般采用矩形断面的裸铜线绕制。

换向器由许多换向片组成，换向片的内侧制成燕尾形，嵌装在轴套上，其外圆呈圆形。

换向片与换向片之间均用云母绝缘。

(3)电刷与电刷架。用来联接磁场绕组和电枢绕组的电路，并使电枢轴上产生的电磁力矩保持固定方向。

电刷用含铜石墨制成，装在端盖上的电刷架中，通过电刷弹簧保持与换向片之间具有适当的压力。电动机内装有四个电刷架，其中两个电刷架与机壳直接相连构成电路搭铁，称为搭铁电刷架。

3. 传动机构

普通起动机传动机构又称啮合机构或啮合器，其主要组成部分是单向离合器。其作用是，起动时将电枢的电磁转矩传递给发动机飞轮，而在发动机起动后，就立即打滑，以防止发动机飞轮带动起动机电枢高速旋转而造成飞散事故。

起动机常见的单向离合器有滚柱式、摩擦式、扭簧式、棘轮式等几种。

4. 电磁开关

电磁开关安装在起动机的上部，用来控制起动机驱动齿轮与飞轮的啮合与分离，以及电动机电路的接通和关断，电磁开关主要由吸引线圈、保持线圈、活动铁心、接触盘、触点等组成。对于汽油发动机用起动机、电磁开关内还有点火线圈附加电阻短路触点，通过电磁开关外壳上的接线柱与点火线圈初级绕组相连。

如图 8-2-2 所示，接通起动开关后，吸拉线圈和保持线圈通电，在吸拉线圈和保持线圈电磁力的共同作用下，使活动铁心克服弹簧力右移，活动铁心带动拨叉移动，将驱动齿轮推向飞轮，当驱动齿轮与飞轮啮合时，接触盘也被活动铁心推至与触点接触位置，使起动机通入起动电流，产生电磁转矩起动发动机。接触盘接触后，吸拉线圈被短路，活动铁心靠保持线圈的电磁力保持其啮合位置。

图 8-2-2 起动机的电路

→ **任务实施**

1. **任务准备**

（1）设备：科鲁兹、举升机。

（2）工具：成套组合工具车、工作台、手电筒。

（3）辅助材料：翼子板布和前格栅布、三件套、抹布、手套、垫块。

2. **实施步骤**（表 8-2-1）

表 8-2-1　实施步骤

作业内容	图　解	技　术　规　范
1. 准备车辆		**技术要求** 1. 安装车辆举升垫块 2. 拉起驻车制动手柄 3. 换档杆置于 P 档
2. 从蓄电池负极端子断开电缆		**技术要求** 1. 关闭点火开关 2. 用扳手松开负极电缆 3. 用负极电缆
3. 举升车辆		**技术要求** 1. 车辆举升到合适高度 2. 车辆举升过程中严禁周围站人或在其周围走动

作业内容	图　　解	技　术　规　范
4. 拆下起动机和发电机正极电缆螺母		**技术要求** 1. 选择适合的工具拆下螺栓 2. 拆下的电缆做好保护
5. 取下起动机和发电机正极电缆		**技术要求** 1. 拆下螺栓后，取下端子 2. 拆下的电缆做好保护
6. 拆下起动机正极电缆螺母		**技术要求** 1. 选择适合的工具拆下螺栓 2. 拆下的电缆做好保护
7. 取下起动机正极电缆		**技术要求** 1. 拆下螺栓后，取下端子 2. 拆下的电缆做好保护

作业内容	图　解	技　术　规　范
8. 拆下起动机搭铁电缆螺母		技术要求 1. 拆下螺栓后，取下端子 2. 拆下的电缆做好保护
9. 取下起动机搭铁电缆		技术要求 1. 拆下螺栓后，取下端子 2. 拆下的电缆做好保护
10. 拆下起动机双头螺栓		技术要求 1. 选择合适的工具拆下固定螺栓 2. 分两次卸力后拆下螺栓
11. 拆下起动机螺栓		技术要求 1. 选择合适的工具拆下固定螺栓 2. 螺栓松掉时需用手拖住起动机

续表

作业内容	图　　解	技　术　规　范
12. 取下 发动机		**技术要求** 1. 拆卸起动机放在工具车上 2. 将起动机与飞轮处做好保护
13. 安装 起动机		**技术要求** 1. 更换新的起动机，将起动机按照规定力矩安装在车上 2. 正确安装插接器 表格如下

起动机螺栓	25 N·m
起动机搭铁电缆	20 N·m
起动机正极电缆螺母	12.5 N·m

作业内容	图　　解	技　术　规　范
14. 5S 管理		**技术要求** 1. 降下车辆 2. 将翼子板布、前格栅布叠放整齐 3. 将工具放置工具车

课程评价

同学们，本课程学习结束了，感谢你始终如一的努力学习和积极配合。为了能使我们不断地改进，提高专业教学效果，我们珍视各种建议、创意和批评。为此，我们很乐于了解你对本模块学习的真实看法。当然，这一过程中所收集的数据采用不记名的方式，我们都将保密，且不会透漏给第三方。对于有些问题，只需做出选择，有些问题，则请借助几个关键词给出一个简单的答案。

项目名称： 教师姓名： 课程时间： 年 月 日 — 日 第 周 授课地点：	很满意	满意	一般	不满意	很不满意
项目教学组织的评价	☺		😐		☹
1. 你对实训楼的教学秩序是否满意？	☐	☐	☐	☐	☐
2. 你对实训楼的环境卫生状况是否满意？	☐	☐	☐	☐	☐
3. 你对实训楼学生整体的纪律表现是否满意？	☐	☐	☐	☐	☐
4. 你对你们这一小组的总体表现是否满意？	☐	☐	☐	☐	☐
5. 你对这种理实一体化的教学模式是否满意？	☐	☐	☐	☐	☐
学习教师的评价	☺		😐		☹
6. 你如何评价培训教师？（总体印象/能力/表达能力/说服力）	☐	☐	☐	☐	☐
7. 教师组织培训通俗易懂，结构清晰。	☐	☐	☐	☐	☐
8. 教师非常关注学生的反应。	☐	☐	☐	☐	☐
9. 教师能认真指导学生，对任何学生都不放弃。	☐	☐	☐	☐	☐
10. 你对培训氛围是否满意？	☐	☐	☐	☐	☐
11. 你认为理论和实践的比例分配是否合适？	☐	☐	☐	☐	☐
12. 你对教师在岗情况是否满意？（上课经常不在培训室，接打电话等）	☐	☐	☐	☐	☐

项目名称：　　　　　　教师姓名： 课程时间：　年　月　日 — 　日　第　　周 授课地点：	很满意	满意	一般	不满意	很不满意
学习内容的评价	☺		☺		☹
13. 你对培训涉及的题目及内容是否满意？	☐	☐	☐	☐	☐
14. 课程内容是否适合你的知识水平？	☐	☐	☐	☐	☐
15. 培训中使用的各种器材是否丰富？	☐	☐	☐	☐	☐
16. 你对发放的学生手册和学生工作手册是否满意？	☐	☐	☐	☐	☐

请回答下列问题：

1. 在学习组织方面哪些地方还需要进一步改进？

_____

_____

2. 哪些学习内容您特别感兴趣？为什么？

_____

_____

3. 哪些学习内容您不特别感兴趣？为什么？

_____

_____

4. 关于学习内容是否还有你想学但这次没有涉及的？如有，请指出。

_____

_____

5. 你对哪些学习内容比较满意？哪些方面还需要进一步改进？

_____

_____

6. 你希望每次活动都给小组留有一定的讨论时间吗？你认为多长时间较为合适？

_____

_____

7. 通过本课程的学习，你最想对自己说些什么？

_____

_____

8. 通过本课程的学习，你最想对教授本课程的教师说些什么？

_____

_____